JN027057

ひとりぼっちの
いない町をつくる

貧困・教育格差に取り組む
大阪・高槻富田の実践に学ぶ

岡本工介

解題●志水宏吉
協力●一般社団法人タウンスペースWAKWAK

明石書店

はじめに——本書のねらいと問題意識、特徴

　本書のねらいは、コロナ禍において、社会課題がより一層複雑化・多様化し、日本社会全体で社会的不利を抱える層により一層の不利が重なる中で公私連携・官民連携等を通じていかに社会的包摂を実現するのか？　それを実践書として示すことにある。

　2020年以降、新型コロナウイルスの感染拡大、物価高騰により子どもの貧困の課題がさらに深刻化している。それらはとりわけ日本の社会構造上、不利を受けやすい母子世帯をはじめ様々な社会的不利を抱える家庭を直撃している。そのような社会課題の複雑化・多様化に対し、セクターを超えた多セクター共創による課題解決が求められている。

　これまで、我が国における教育施策である「学校プラットフォーム[1]」や福祉施策である「地域共生型社会の実現[2]」においても社会的不利益層への支援の必要性が語られてきた。

　他方、被差別部落を地区に含む学校を主体とした、地域との連携による社会的不利益層を支える実践においてもそれらは語られてきた。しかし被差別部落を含む地域側が主体となって行ってきた、学校をはじめ多セクターとの共創による実践についての研究はなされていなかった。また、実践の生成プロセスについての研究もなされていなかった。さらに、被差別部落における実践は、従来、同和対策事業[3]という被差別部落を対象とした一部の地域へのアファーマティブ・アクション[4]（積極的格差是正措置）という特性もあったため、他地域（一般地域）への汎用性の低さからも注目がなされにくかった面がある。

　このような背景のもと、本書では大阪北部にある被差別部落を有する高槻市富田地区を拠点に活動する社会的企業、一般社団法人タウンスペースWAKWAKの実践に着目した。そして、本書の前身として、著者はその実践を大阪大学大学院人間科学研究科博士前期課程において、修士論文「NPOにおける多セクターとの共創による包摂型地域コミュニティ生成——高槻市におけるアクションリサーチ」にまとめた。そのプロセスを

通して、筆者は長年の被差別部落におけるまちづくりや同和教育の実践には、現在の子どもの貧困をはじめとした社会課題の解決に資する価値があるとの確信に至った。

　本書はこうした背景、経過のもとで、より広く多様な人たちへと実践を通じた知見を届けるべく、修士論文の実践部分にフォーカスし大幅にリライトしたものである。

　本書を通して、これまでそれほど注目がなされていなかった被差別部落発の実践に光をあて、かつそれらを日本全国の社会課題解決のための一助とすることが筆者の願いである。

　本書は7章から構成されている。序章は「問題の背景」、第1章は「高槻市富田地区における部落解放運動の歴史と『包摂型のまちづくり』への転換」、第2章は「富田地区における多セクターとの共創による包摂型のまちづくり」、第3章から第5章は3か年にわたって行った「高槻市域、官民連携による居場所の包括連携によるまちづくり」のフェーズ1から3について、第6章は全体のまとめと知見、インプリケーションについて述べている。

　そして、実践と研究の往還を行う「アクションリサーチ」のスタイルで実践について反復的、螺旋的（らせんてき）に「計画－実行－評価」のステップを踏み、その変化の記録について、自身の活動について自己内省的な視点から論じている。

　また、各章においてコラムとして地域関係者、学識者、学校関係者、NPO[5]関係者をはじめ様々なアクターから様々な切り口で寄稿を得ているのも本書の特徴である。

　本書がこれまで当事業へご支援を頂いた、たくさんの方々へのご報告となること、この取り組みのひな形や知見、インプリケーションが他地域の課題解決の一助になることを切に願っている。

本書におけるアクションリサーチのサイクル

第1章　タウンスペース WAKWAK（組織生成のプロセス）

（アクションリサーチ－サイクル1）

第2章　富田地区における多セクターとの共創による包摂型のまちづくり
　　　　【計画（planning）】
　　　　【実行（action）】
　　　　　・事業実践「子どもの居場所づくり事業」
　　　　　・実践を通した社会変革のプロセス
　　　　【小括：事業の評価および知見の明示・次の実践へ向けた課題分析】
　　　　　・事業の評価および知見の明示
　　　　　・次の実行へ向けた課題分析
　　　　　・当初計画の変更による組織の変革

（アクションリサーチ－サイクル2）

第3章　高槻市域、官民連携による居場所の包括連携によるまちづくり
　　　　市域広域包摂的なみまもり・つながり事業「フェーズ1」
　　　　【計画（planning）】
　　　　【実行（action）】
　　　　　・事業実践① 居場所の包括連携によるモデル地域づくり（全国）
　　　　　・事業実践② 高槻市子どもみまもり・つながり訪問事業
　　　　　・実践を通した社会変革のプロセス
　　　　【小括：事業の評価および知見の明示・次の実践へ向けた課題分析】
　　　　　・事業の評価および知見の明示
　　　　　・次の実行へ向けた課題分析

（アクションリサーチーサイクル3）

第4章　市域広域包摂的なみまもり・つながり事業「フェーズ2」
　　　　【計画（planning）】
　　　　【実行（action）】
　　　　　・事業実践① 居場所の包括連携によるモデル地域づくり（全国）
　　　　　・事業実践② 高槻市子どもみまもり・つながり訪問事業
　　　　　・事業実践③ 厚労省ひとり親等の子どもの食事等支援事業
　　　　　・実践を通した社会変革のプロセス
　　　　【小括：事業の評価および知見の明示・次の実践へ向けた課題分析】
　　　　　・事業の評価および知見の明示

（アクションリサーチーサイクル4）

第5章　市域広域包摂的なみまもり・つながり事業「フェーズ3」
　　　　【計画（planning）】
　　　　【実行（action）】
　　　　　・事業実践① 居場所の包括連携によるモデル地域づくり（全国）
　　　　　・事業実践② 高槻市子どもみまもり・つながり訪問事業
　　　　　・事業実践③ 子ども家庭庁ひとり親等の子どもの食事等支援事業
　　　　　・実践を通した社会変革のプロセス
　　　　　・創出された官民連携のモデル

第6章　まとめと考察（知見の明示・インプリケーション・今後の課題）

ひとりぼっちのいない町をつくる
貧困・教育格差に取り組む大阪・高槻富田の実践に学ぶ

目次

第3章　高槻市域全域を対象としたネットワークの創出
──市域広域包摂的なみまもり・つながり事業「フェーズ1」

第4章　高槻市域全域を対象とした官民連携の仕組みの構築
──市域広域包摂的なみまもり・つながり事業「フェーズ2」

第5章　高槻市域全域を対象とした包摂型モデルの形成
──市域広域包摂的なみまもり・つながり事業「フェーズ3」

解題

大阪大学大学院教授　志水宏吉

　岡本工介さんは、大きな志を持つ人である。

　自分の名前の中に「志」があるからだというわけでもないが、私は、志という言葉、そしてこの言葉が持つ意味が大好きである。だから、岡本さんのことが大好きである。

　岡本さんが持っている志はともかくスケールがでかい。歴史上の人物は別として、私が知る人の中でこれほど大きな志を有している人はほぼいない。その志とは何か。それは、この本のタイトルとなっている、「ひとりぼっちのいない町をつくる」ことである。

　まず、本書の構成を述べておこう。本書は、7つの章から成り立っている。

　序章では、本書の問題関心が述べられている。第1に、コロナ禍が社会的不利を抱えがちな家庭を直撃し、孤独・孤立の問題が一層の顕在化を見せていること。第2に、その状況を改善するためには、多セクターの共創による課題解決が求められており、具体的方法としては欧米で発展してきたコミュニティ・オーガナイジングの手法が注目されること。そして第3に、そのベストプラクティスの1つとして、岡本さんが主導している、高槻市富田地区をベースに活動を続けている一般社団法人タウンスペースWAKWAK（以下、WAKWAK）の事例の記述を本書で試みるということである。

　第2章では、被差別部落としての歴史を有する富田地区の教育を中心とする町づくりの歴史が、部落解放運動とのつながりから論じられる。そのうえで、2012年に設立されたWAKWAKの設立の経緯と、立ち上げ期におけるその組織的活動の概要が、アクションプラン的視点から紹介される。

　続く第3章から第5章にかけては、コロナ禍の時期における諸活動の展開が詳細に論じられる。それは、WAKWAKという町づくり組織の、

志に満ちた挑戦（＝事業展開）の全貌をつぶさに視野におさめることでもある。具体的には、第3章では2021年度、第4章では2022年度、第5章では2023年度のそれが、第2章と同様の視点から記述される。

　今述べた第2章から第5章が、この書物の本論となる部分である。しかし、ここではその具体的な中身についてはあえて立ち入らない。読者の皆さんのお楽しみとしてとっておきたいと考えるからである。

　最後の第6章では、全体的な考察とまとめがなされる。本書を通じて見出された具体的な知見、およびそこから引き出されるインプリケーションのそれぞれが、岡本さん独自の視点から整理されている。WAKWAKの取り組みの斬新さ、包括性、独自性、革新性などをそこから感じ取っていただけるものと信じる。

　ここで、岡本さんと私の関係について述べておきたい。

　あとがきにも出てくるが、彼との出会いは、私が主宰する研究会に彼がゲストスピーカーとして招かれたことで実現した。今から7〜8年前のことになるだろうか。その日の懇親会の場で、彼は「志水の研究室に入り、修士論文を書きたい」という意思を表明した。少しアルコールも入っていたのだが、威勢のよい彼の「名乗り」に、「威勢のいい若者だな。でも、これだけバリバリ実践に携わっている忙しい人が本当に学業との両立を果たせるのかな」と思ったのが正直なところだった。しかし、彼は有言実行の人だった。できあがった修士論文が本書のもとになっている。それも、彼がまえがきで述べている通りである。

　彼の故郷であり、現在の実践の場でもある高槻市富田地区は、私の先輩教授にあたる故・池田寛先生が、深く関わりを持たれてきた地域である。その関係で私も、富田地区や地域の学校（富田小学校・高槻第四中学校）と1990年代から断続的に関わりを有してきた。そうしたご縁もあり、本書第3章以降に出てくるインクルーシブコミュニティ・プロジェクトの座長を務めさせていただいており、この数年間というもの、岡本さんを中心とするWAKWAKの多種多彩な実践的活動を彼の傍らで見聞きするという機会に恵まれている。

　池田先生が富田地区周辺に住み、地域の教育運動のアドバイザー的役

割を果たしておられたころに、地域の小・中学校に通っていた子どもの1人が岡本さんである。そのころ池田先生が書いた論文には、「子どもの教育を地域住民の共通課題とし、多種多様な社会的ネットワークの力で子どもたちの健全な育ちを保障する教育コミュニティづくりには、地域の中にヘッドクォーターと呼べる組織が必要である」という主張がなされていた。今岡本さんが率いているWAKWAKは、まさにそのヘッドクォーターである。池田先生が言われたのは、地域における教育を推進するヘッドクォーターだったが、岡本さんが目指すのは、それよりもさらにスケールの大きな、すべての人を包摂する町づくりのヘッドクォーターである。

　彼は当初から自分の書いた修士論文を広く一般の読者の目に触れる本にしたいという目標を持ち、どこかの出版社を紹介してほしいという意向を私に持ちかけていた。修士論文が完成し、その時期が熟したと思われた時に私が紹介したのが明石書店である。なぜか。それは、明石書店が大きな志を持つ出版社だからである。読者の皆さんの中にもご存知の方が多いだろうが、明石書店は、人権の尊重や社会的公正の追求、各種の社会的差別の解消を目指してつくられた多数の本を出版している。そもそも部落差別の廃絶を願って創設された会社だ、と聞く。私も過去に何冊もの本を出していただいた。岡本さんの本の出版元も明石書店しかないと考えた次第である。

　「ひとりぼっちのいない町をつくる」という言葉を初めて聞いた時、「ああ、素敵な響きを持つ日本語だな」と感じた。それが、岡本さんの夢、イコールWAWWAKという組織の理想である。この言葉自体はWAKWAK発のオリジナルであるが、ここ2～30年の間に世界のあちこちで謳われている理念との共通点を有していることもまた事実である。

　様々な分野・領域で近年さかんに取り沙汰されている考え方に「SDGs」がある。2015年に国連サミットで決議されたもので、「Sustainable Development Goals」の略称である。日本語では「持続可能な開発目標」と訳される。2016年から2030年の15年間で達成すべき世界共通の目標として、「誰一人取り残さない持続可能で多様性と包摂性のある社会の実現」を掲げ、より具体的には、貧困・健康・エネルギー・環境・平和・教育などに関する17項目にわたる達成目標が提示されている。ここでの

最大のキーワードの１つが「誰一人取り残さない」である。

　例えば教育の分野で世界的に知られた言葉に、「No Child Left Behind」というものがある。アメリカ合衆国において 2002 年に成立した法律の名前（No Child Left Behind Act）がこれである。「どの子も置き去りにしない法」や「落ちこぼれ防止法」などと日本語には訳されている。これは、合衆国における児童生徒の学力向上と教育格差の解消を目的として、それまでの合衆国の初等中等教育政策の基本的枠組みを定めた 1965 年初等中等教育法を全面的に改訂したものであった。この法律によって、マイノリティグループに属する子どもたちの学力水準を引き上げることが学校の必須事項として重視されるようになったため、その後アメリカの学校現場は大きく変化していくこととなる。

　こうした世界の趨勢（すうせい）とは相対的に独立して、日本とりわけ関西の学校現場では「しんどい層」に寄り添う教育実践が地道に展開されてきた。私自身、自分自身の研究課題の１つとして学力格差の縮小に取り組んできたが、近年子どもたちの学力保障に関してめざましい成果をあげている自治体の１つとして大阪府茨木市を挙げることができる（茨木市は WAKWAK が存在する高槻市に隣接する自治体である）。2015 年に茨木の実践をまとめる書物を公刊する際に採用した言葉が、「一人も見捨てへん」教育というものであった。現場の教師たちが発する「一人も見捨てへんで」というセリフが、実践の背後にある教育理念の中心にあると判断したからである。

　WAKWAK の「ひとりぼっちのいない町づくり」という理念は、こうした関西の教育現場に特徴的に見られる風土・雰囲気と密接なつながりを有するものである。そして、それら両者は、過去半世紀ほどにわたって蓄積されてきた同和教育・人権教育の系譜に大きく由来するものと見ることができるのである。

　本書の第２章以降で詳述される WAKWAK の取り組みは、部落解放運動の歴史の中で培われてきた考え方や経験の蓄積がベースとなっている。地域内外における人間関係・ネットワークの存在も含めて、それらの「元手」がなければ、ここ数年全面展開されている WAKWAK の野心的な実践活動は存在し得なかったということができる。

　岡本さんの基本的アイディアは、被差別部落という地域において歴史的に培ってきた運動の理念や実践、取り組みの体系は、普遍的価値を持つというものである。SDGs に掲げられている「誰一人取り残さない包摂的な社会を形成する」という今日の世界に共通する課題を、富田地区さらには高槻市において実現するうえで、部落解放運動の中で蓄積されてきた経験と資産は圧倒的な優位性を持つ、と岡本さんは考えているのではないか。富田という被差別部落発の WAKWAK の取り組みが、子どもからお年寄りまですべての人が安心して暮らせる包摂の町づくりのベストプラクティスを提供できるという確かな自負を、岡本さんの文章から読み取ることは難しくない。

　振り返ってみるなら、すべての人の包摂（インクルージョン）を目標とする社会政策を最も徹底した形で打ち出したのが、トニー・ブレア首相（当時）が率いるイギリスの労働党政権であった。もうひと昔前のこととなるが、1997 年から 2007 年に至る 10 年間のことである。

　ブレア氏が打ち出した政策路線は「第三の道」と呼ばれた。その中で圧倒的な重要性を占めていたのが教育という分野である。第 2 次世界大戦後の労働党政権が 1950〜60 年代を中心に推し進めた「第一の道」とは、福祉国家観に基づく手厚い社会保障制度を軸にするものであった。「ゆりかごから墓場まで」というよく知られたスローガンが、その路線を象徴していた。それは弱者に優しいものであったかもしれないが、巨大な財政支出によりイギリスという国は危機に瀕することになる。そこで登場したのが、イギリス初の女性宰相マーガレット・サッチャー氏であった。氏がリードする保守党政権が唱えたのが「第二の道」である。それは、教育を含むあらゆる場に市場原理・競争原理を取り入れ、弱肉強食の世界をつくりあげることで全体のパフォーマンスを引き上げていこうとするやり方であった。そのせいもあってか、80 年代から 90 年代にかけてイギリスの経済・国勢は息を吹き返すことになる。しかし、人々を勝者と敗者に分け、後者を自己責任のゆえと切って捨てるそのやり方は、当然のことながら多くの人々には評判が悪かった。そこで打ち出されたのが、「第三の道」である。

第三の道の特徴は、社会的格差や不平等の根源となっている環境的要因への積極的な働きかけを通じて、すべての人々の潜在能力の発揮を実現させようという志向性であった。教育の分野では、社会経済的に厳しい状況にある「しんどい」地域、そこに位置する「しんどい」学校、その中で学ぶ「しんどい」子どもたちに対して多額の資金がつぎこまれ、各種の「底上げ」策が実施された。そして、その結果として、最も社会経済的に厳しい層の学力水準が著しく向上するという成果がもたらされた事実もある。

　底上げ策の代表的なものが、都市部の貧しい地区に設置された数百ものシュアスタートセンターの活動であった。「シュアスタート」とは、「確かなスタートを切る」という意味である。そこでは、医師、ソーシャルワーカー、看護師、助産師、カウンセラー、各種のセラピスト等の多種多様な人材が配置され、0〜5歳児とその若い親たちを対象とする、活発なアウトリーチ活動を含む各種の事業が実施された。人生の初期における不利な条件やつまずきを取り除き、子どもたちのスタートラインを通常の水準にまで高めていくことが目標とされた。

　この時期の労働党が採った第三の道の功罪については、歴史の検証を待つしかない。しかし当時のイギリスでは賛否両論があった。代表的な批判は、「確かに弱者には手厚い支援がなされてはいるが、結果については自己責任とされるという、サッチャーの第二の道と変わらない本質を有している」というものである。そこには、不利な環境を除去すれば、諸個人は一様に頑張り、それぞれ「力」をつけていくだろうという前提があった。すなわち、第三の道における包摂とは、「皆が力をつける」ことで成し遂げられるものとされた。「勇ましい包摂」とでも言えようか。

　しかし、岡本さんの掲げる「包摂」は、言葉は同じであるが、それとは似て非なるものである。「ひとりぼっちのいない」という形容句が、その精神をよく物語っている。「優しい包摂」とでも言おうか。その本質は、「個人を孤立させない」ということにある。しんどい立場にある人に「寄り添う」こと。人を「力のあるなしで区別しない」という哲学が底流にあり、人と人との「関わりあいを町づくりのベースにする」という方法論が基本となっている。そこがなんともよいと私は考える。

　この文章を締めくくるにあたって、人と人との関わりを基盤に置く「ひとりぼっちのいない町づくり」が有する意義を、私なりに学問的な観点から整理しておきたい。利用するのが、「社会関係資本」（Social capital）の考え方である。「社会関係資本」（「ソーシャルキャピタル」とカタカナ表記されることも多い）とは、端的に言うなら「人間関係が生み出す力」と考えることができる。

　研究者としての私が取り組んできた「子どもたちの学力形成」というテーマに引きつけて言うと、子どもたちの間に学力格差を生み出す要因として、3つのものが重要だということが指摘されてきた。第1に経済資本、第2に文化資本、第3に社会関係資本である。経済的資本とはお金や資産のことであり、子どもが育つ家がどのぐらい経済的に豊かかどうかに関わる要因である。第2の文化資本とは、親の学歴や家庭にある本の分量とかいったものに関するものであり、一般的に言うと「家庭の教育的環境」と言い換えることができる。経済的そして文化的に恵まれた家庭の子どもほど、順調に自らの学力を伸ばす可能性が高くなる、と私たちは考えてきた。しかし、話はそこで終わるものではない。第3の社会関係資本も、それらに劣らず重要な要素となり得ることが近年の研究で明らかにされてきている。具体的に言うなら、親子のコミュニケーションが充実したものであればあるほど、あるいは所属する学級担任やクラスメートとの人間的関わりが豊かなものであればあるほど、学力は高くなる傾向にあることが明らかにされつつある。社会関係資本（人と人とのつながり）は、経済や文化とは別次元の、固有の力を子どもの学力形成に果たし得るということである。

　そうした意義を持つ社会関係資本には、「絆型」（bonding social capital）、「橋渡し型」（bridging social capital）、「連結型」（linking social capital）という3つのタイプがあるという。この本の本文を読んでいただければ、岡本さんを中心としたWAKWAKの諸活動は、いずれのタイプの社会関係資本をも活用しているということが見えてくる。第1に、富田という場所で何世代にもわたって形成されてきた地域住民の間での人間関係のネットワーク、さらに地元の小・中学校と地域の人々が数十年にわたって築

き上げてきた人間関係のつながり（絆型）が、WAKWAK の活動の基盤になっていることは疑う余地がない。第2に、「多セクター共創」が現在の WAKWAK の活動の軸になっていることから明らかなように、WAKWAK は各種団体・組織との横のつながり（橋渡し型）をことのほか大切にしている。そして第3に、各自が専門の学問分野を持つ私たち大学教員、あるいはほかの様々な専門職の皆さんの力も合わせて WAKWAK の活動は運営されている。これは「連結型」社会関係資本と呼ばれるものの中身とぴったり重なっている。

いずれにしても、WAKWAK の活動の核にあるのは、ぬくもりのある、人々のあたたかいつながりである。そのコアなくして、WAKWAK を語ることはできない。

この本をできるだけたくさんの方に読んでいただきたいと願っているが、とりわけ想定している読者は以下の皆さんである。

第1に、岡本さんのように被差別部落出身で、地域を少しでもよりよいものにしていきたいが、その取っ掛かりやノウハウがわからないという、若い世代に属する人々にぜひ読んでいただきたい。もちろん、出自や立場は異なるが、同様の志を持つ人たちにもおすすめしたいのが本書である。

第2に、包摂的な町づくりというミッションに関わっている、広い意味での専門家の皆さんにも、この本を手に取っていただきたい。具体的には、行政、大学、学校、NPO 等で教育や福祉、ほかの関連領域に関わり、業務を遂行している人々である。関西の一地域で、WAKWAK のように元気な組織が頑張っていることを、その人たちに知っていただきたい。

第3に、公正や人権をめぐる各種の社会問題に関心を持つ学生・院生の皆さんにぜひ本書を読んでいただきたい。世界そして日本の未来を担うのは彼らだからである。

最後に、上記のカテゴリーにはあてはまらないが、この問題に関心を寄せる、心ある一般読者の皆さんに、本書のページをめくっていただければありがたい。「ひとりぼっちのいない町」をつくるのは、当事者や専門家や学生だけではなく、多数を占める普通の人々にほかならないからである。

本書の志が、1人でも多くの人のものとなることを願っている。

序章

問題の背景

第1節　コロナ禍における不利の連鎖

　2020年以降、新型コロナウイルス感染拡大により子ども[6]の貧困の課題がさらに深刻化している。

　2019年厚生労働省「国民生活基礎調査」によれば、子どもの貧困率は13.5%（約7人に1人）となりOECD諸国の中で最も高い数値となった。とりわけひとり親世帯においては48.1%（約2人に1人）で、母子家庭に関してはさらに深刻な状況が浮き彫りとなった。阿部（2017）によれば、「貧困世帯に属する子どもは、非貧困世帯に属する子どもに比べて、学力が低く、健康状態が悪く、いじめに遭いやすく、自己肯定感が低く、友人から孤立しがちである等、様々な面で不利な状況に置かれていることが分かってきた」と述べられている。その状況に加えコロナ禍で事態は深刻化している。2022年に帝国データバンクが行った調査によると、新型コロナウイルスの影響を受けた全国の倒産件数は2022年1月25日時点で

2,708件（業種別上位は「飲食店」448件が1位）に上ることがわかった。また、新型コロナウイルス関連による業績不振で雇止めにあった労働者も多く、厚生労働省の集計（2020年1月末〜2021年4月7日）によると、「解雇」や「雇止め」で仕事を失った人は見込みも含めて10万425人となり、10万人を超えたことがわかった。それらは家計や子どもたちにも影響を与えている。2020年11月に日本小児科学会（予防接種・感染症対策委員会）が出したレポートでは「学校閉鎖は子ども達の教育の機会を奪い、子どもを抑うつ傾向・情緒障害に陥らせている」、「学校給食や子ども食堂の食事で食いつないでいた貧困家庭の子どもが食生活に困窮する」、「福祉の援助が十分に行き届かない中で、親子ともストレスが増大するため、家庭内暴力や子ども虐待のリスクが高まっている」などの指摘がなされている。これらの状況は日本社会において社会的不利に置かれやすい母子世帯ほど、より深刻化している。しんぐるまざあず・フォーラムと研究者の共同研究プロジェクト「シングルマザー調査プロジェクト」によれば、米などの主食が買えない母子世帯が東京で30.6%、東京以外で41.6%あったと報告している。また、小学生の子どもを持つシングルマザーの家庭で、10%弱の子どもに体重減が起こっており、その他には学習についていけない子どもたちの状況も指摘されている。このように、近年日本社会で課題となっている子どもの貧困の課題はコロナ禍でより一層深刻化し、かつそれらは日本社会の社会構造上、不利を受けやすい母子世帯をはじめ様々な社会的不利を抱える家庭を直撃している。

第2節　孤立・孤独の問題の顕在化と多セクターによる解決の必要性

　他方、新型コロナウイルス感染拡大は「孤立」や「孤独」の問題も深刻化させた。コロナ禍、日本各地で「STAY HOME」が呼びかけられ、外出に対する制限はもとより公的機関の一時的な閉鎖などがなされ、支援を必要としながらも社会資源につながることのできない層を数多く生み出した。それらは、社会構造上不利を抱えやすい層に、より一層顕在化した。

そのような状況下で国レベルにおいて 2022 年 2 月 25 日には政府内閣官房に「孤独・孤立対策官民連携プラットフォーム」が設置された。その設立趣意書には以下のように書かれている。

人と人との関係性や「つながり」が希薄化する中、新型コロナウイルスの感染拡大の影響が長期化することにより、社会に内在していた孤独・孤立の問題が顕在化し、一層深刻な社会問題となっています。我が国において、孤独・孤立対策を推進するためには、行政による政策的な対処のみでは困難又はなじみづらい場合があり、孤独・孤立の問題を抱える当事者への支援を行う NPO や社会福祉法人等（以下、NPO 等）が重要かつ必要不可欠です。一方で、孤独・孤立の問題に対して NPO 等の支援機関単独では対応が困難な実態があることから、国、地方公共団体、NPO 等、多様な主体が幅広く参画し、人と人とのつながりを実感できる地域づくりや社会全体の機運醸成を図りつつ、官民一体で取組を推進することが必要です。

ここに書かれているように、コロナ禍において平常時に社会的不利を抱えやすい層に、より一層の不利がかかる状況や、全国に孤立や孤独の問題が顕在化する中、単セクターのみでその解決をすることは困難で、セクターを超えた多セクターの共創による課題解決が求められている。

そして、コロナ禍が進行している今、実践領域ではその解決に資するための行政施策をはじめ NPO や民間等多分野における実践は現在進行形で行われているが、研究領域において要支援状況や被害の状況は可視化されていないものもまだまだ多い。このことから解決に資するための実践、研究の双方が喫緊で求められている。

第3節　コミュニティ・オーガナイジング
——社会的包摂を実現する際の社会変革の必要性

　これら社会的不利を抱える人たちへ支援を行い、かつ社会的包摂を実現する際に、欧米で発展してきた「コミュニティ・オーガナイジング」（以下、CO）の考えが注目されている。藤井（2021）は英国において発展してきたシティズンズ UK による CO について論文「連帯の技法としてのコミュニティ・オーガナイジング——イースト・ロンドンにおけるコミュニティ開発の現場から」において以下のように紹介している。

　　CO は、米国の産業地域財団を創設し、公民権運動にも大きな影響を
　　与えたソウル・アリンスキーを源流とする社会運動の技法であり、多
　　様なアクターとの間で関係性を作り出すことでパワーを高め、社会変
　　革を前進させる方法論である。（藤井 2021: 107）

　CO については幾つかの流派が存在し、藤井（2021）が紹介する英国において発展してきたシティズンズ UK の CO や、アメリカのマーシャル・ガンツ博士によるパブリック・ナラティブに焦点を置いた CO の技法などがあるが、いずれも社会変革を生み出す手法である。
　同じく藤井は、社会的包摂の実践において「社会から」の排除を克服するため当事者と社会の関係をつなぎ直し、包摂的な地域社会をつくり出す必要があることを論じ、「既存の制度や政策の変革のみならず、人々の意識や価値観を変革していくためには、ソーシャル・アクションやアドボカシー、すなわち、社会運動としての側面が必然的に重要になるだろう」と述べている（藤井 2021: 108）。
　また、同じく CO の研修者である室田（2017）は、社会的に弱い立場に立たされた当事者およびその協力者が、自らが保持する資源や力では達成することができない目標を達成するために、権力者に働きかける実践としてソーシャル・アクション（social action）の必要性を論じ、その実践を

CO の中に位置づけている。

　つまり、様々な社会的不利を抱える当事者に支援が行われ、かつ社会的包摂を実現する際には、ミクロレベルで事業の実践、メゾレベルで多セクターとの共創を生み出しながらも同時にマクロレベルで制度変革を視野においた「社会運動性」を伴った「社会変革」（ソーシャル・アクション）が必要であるということである。

第4節　被差別部落を拠点とする社会的企業の萌芽

　その中で今回着目したのは大阪の各被差別部落を拠点とするNPO法人や一般社団法人などの活動である。近年、とりわけ大阪の被差別部落を中心としてその地域性を活かしながら様々な社会課題の解決を目的とした社会的企業実践の萌芽（福原 2017; 寺川 2017; 岡本 2019; 2020; 2021a; 2021b; 大北 2020）が見られる。

　これらのいずれの地域も基盤には長年にわたる部落解放運動の歴史がある。これらの地域では差別の結果による全般的不利益の悪循環を克服するための実践や、地域、家庭、学校、行政が連携して社会的弱者を支える取り組み（中野・中尾・池田・森 2000）を再評価し、周辺地域にも支援対象範囲を広げながら、まちに住む様々な社会的弱者を包摂するまちづくり、つまり社会的包摂を目的にしたまちづくりを行っている。そして、部落差別の解決を起点としながらも、「子どもの貧困」をはじめとするその他の様々な社会課題の解決に向けて多岐にわたる実践を行っている。

　これらの課題を検討するにあたり、本書では具体的な実践事例として高槻市富田地区および高槻市域を対象に活動する一般社団法人タウンスペースWAKWAK（以下、WAKWAK）の実践を取り上げアクションリサーチとしてまとめる。その理由は、この富田地区では、① 1980年代より当該地区における低学力の課題から、地域・家庭・学校・行政などのアクターが協働し「学力保障プロジェクト」などに取り組み、② 1990年代に入り大阪大学の故・池田寛が「教育コミュニティ」についての研究を深めるな

ど、活動および研究成果の蓄積が見られるからである。また、③その流れを引き継ぐ形で現在WAKWAKという社会的企業がそのヘッドクォーターを担い、それまでの地域・家庭・学校・行政に加え大学・企業などのセクターにも連携を広げ、多様なセクターとの共創による独自のアプローチにより、子どもたちの包括的な支援体制を築いているからである。同時に、④「部落解放運動」を源流としながら、その「社会運動性」を「コミュニティ・オーガナイジング」に取り入れることで発展し、社会変革を生み出しているからである。

　本書では、富田地区の歴史やWAKWAKの組織の変遷、富田地区における包摂型のまちづくり、高槻市域における官民連携による居場所の包括連携によるモデル地域づくりについて、組織および包摂型コミュニティの生成のプロセスを振り返り、子どもや家庭に対する支援の枠組みや、その担い手となっている組織が果たしている役割、「社会運動」を通じた社会変革のプロセスについて明らかにする。

　ここでいう「社会的包摂」とは、岩田（2008）による「排除されやすい立場にある人々を見過ごすことなく、社会の中へ包摂する考え方」のこととし、「包摂型のまちづくり」とは、2000年に「厚生省・社会的な援護を要する人々に対する社会福祉のあり方に関する検討会」が「社会的な援護を要する人々に対する社会福祉のあり方に関する検討会報告書」で示した以下の考えを目指したまちづくりとし、それらの活動を通して生成されたコミュニティを「包摂型コミュニティ」とする。

　　今日的な『つながり』の再構築を図り、全ての人々を孤独や孤立、排除や摩擦から援護し、健康で文化的な生活の実現につなげるよう、社会の構成員として包み支え合う（ソーシャル・インクルージョン）。

　また「社会的企業」については経済産業省（2008: 3）「ソーシャルビジネス研究会報告書」により以下のように定義されており、組織形態は株式会社、NPO法人、中間法人など、多様なスタイルが想定されるとしている。

(1) 社会性：現在解決が求められる社会的課題に取り組むことを事業
　　　　　　活動のミッションとすること。

(2) 事業性：(1) のミッションをビジネスの形に表し、継続的に事業
　　　　　　活動を進めていくこと。

(3) 革新性：新しい社会的商品・サービスやそれを提供するための仕
　　　　　　組みを開発したり、活用したりすること。また、その活
　　　　　　動が社会に広がることを通して、新しい社会的価値を創
　　　　　　出すること。

　筆者自身が WAKWAK の業務執行理事兼事務局長としてこの実践に関
わってきたため、本書の実践は、筆者自身の活動紹介という意味も持つ。

第1章

富田地区における部落解放運動の歴史と
「包摂型のまちづくり」への転換

第1節　富田地区における部落解放運動の歴史とまちづくり

　本章では富田地区における部落解放運動の歴史から WAKWAK の立ち
上げ、社会的企業としての組織基盤の確立に至る生成プロセスについて自
己内省的な視点から論じる。

1. 富田地区の歴史

　高槻市富田地区は大阪府北部、高槻市域西部に位置する地域である。同
地区は、寺内町としての歴史と被差別部落を含むという側面を持った地域
である。

寺内町の歴史としては、室町時代には教行寺を中心とした蓮如の布教活動の重要拠点を担い、戦国時代には宗教都市として戦国大名との戦いを経験し宗教的自治、農業、商工業・交通の中心を担ってきた。

　もう一方の被差別部落においては、行商や芸能の歴史がある。明治期には、草履から始まり、時代やその時々の流行に合わせながら日用品（炭、田靴、すだれ、綿、上履きなど）、海苔、ランプ、そして植木・花と、富田地区を拠点として、遠くは北海道から九州までの行商することにより、人々は生計を立ててきた。また、芸能分野では旅芸人として様々な地域を訪れてきた歴史がある。

2. 富田地区の部落解放運動の歴史

　また、富田地区には長年にわたる部落解放運動（以下、解放運動）の歴史がある。

　解放運動については後ほど詳しく触れるが、1922年全国水平社創立の翌年1923年には富田水平社が創立され、1961年には、「雨漏りのしない家にすみたい」「学校に行けるよう、教科書代を無料にしてほしい」「高校・大学にいきたい」「生業のための資金を融通してほしい」といった要求運動の高まりから部落解放同盟高槻富田支部（以下、富田支部）が結成されている。

　その後、1960年代には地区の環境改善として行政施策による市営住宅の建設や道路整備、隣保館[7]の建設など施設整備がなされ、教育分野においても、差別の結果による長欠・不就学の問題の克服が取り組まれてきた。

　その後、富田地区における解放運動は、保育・教育運動とまちづくり運動の双方から進めていくことになった。

3. 富田地区の保育・教育運動の歴史

　富田地区における保育・教育運動の契機はある 2 つの出来事がきっかけとなった。1 つは 1980 年代に高槻市立第四中学校において相次ぐ差別文書が投書された事件であり、もう 1 つは 1986 年、地区（被差別部落）の中学生の高校進学率が 60% を割り、地区の生徒 37 人中 15 人が高校進学を断念するという厳しい事態が起こったことであった。

　それを受け、「厳しい総括の上に地域における教育運動をもう一度原点からやり直そう」というスローガンのもとで、1987 年 2 月に地域・学校・行政が一体となった教育運動として「学力保障プロジェクト」が発足。被差別部落の児童が抱える課題の明確化と学力保障論議、同年 6 月には学力生活総合実態調査を実施した。その動きは、1990 年に教育改革推進会議へ改組・発展し、それまでの地域と小学校・中学校の連携の中に保育所、高校（大阪府立阿武野高校）も加わることとなった。

　保育分野においては乳幼児実態調査（1985 年）を通じて乳幼児期の課題の明確化や就学前教育・保育の見直しを行い、育児担当制や異年齢混合保育[8] などに挑戦した。

　部落解放子ども会[9] においては、文化的貧困等の課題を乗り越えるため、毎日活動の見直しや子ども文化教室開催など、子ども会改革に取り組んできた。その後、2002 年の同和対策事業の時限立法が失効する 2 年前となる 2000 年の段階で、富田青少年交流センターとして従来の被差別部落の児童を対象とした事業から高槻市への一般施策へといち早く切り替え、独自の事業を生み出していった。

　1992 年には、とりわけ PTA を中心とする人権教育を進める動きとして富田赤大路地域人権教育推進会議が発足。現在は富田・赤大路地域人権教育推進委員会と名称変更し、高槻市教育委員会の所管から、のちに紹介する一般社団法人高槻市人権まちづくり協会が管轄する中学校区の単位会へ移行され、現在も活動している。

　また、同時期に研究分野においても、大阪大学の故・池田寛が富田地区

をはじめとした被差別部落へのフィールドワーク調査と研究を行った。そこでは「教育コミュニティ」（学校と地域が協働して子どもの発達や教育の事を考え、具体的な活動を展開していく仕組みや運動のこと）が提唱され、これらの動きは大阪府の施策へもつながることとなった（池田 2000）。

　これら一連の動きは 2002 年度に「つなぬく」（貫くの古語であり、「つながり」「ぬくもり」を大切にして「初志を貫く」という思いを込めたテーマ）と名づけられ、それぞれの教育機関が独自の取り組みに終始するのではなく、0 歳から 18 歳までを見通した保育・教育の一連の取り組みを推進する流れとなり、現在も連携を続けている。

4. 富田地区のまちづくり運動の歴史

　一方でまちづくり運動の流れは、福祉のまちづくりとして始まった。
　2001 年には市民を中心に「新しい福祉のまちづくり運動プロジェクト」が発足され、2002 年に社会福祉法人つながりを設立、2003 年に知的障がい者通所支援施設サニースポットが開設した。2002 年といえば解放運動においてそれまでの同和対策事業の時限立法が失効する年であった。運動の大きな転換期において富田地区では、障がい[10]があっても当事者が地域で住み続けられる地域にすること、そのためにこれまでの「行政におまかせ」だった福祉施策から、地域自らが社会福祉法人を設立し、リスクを負いながらも経営するという方向へ大きく舵を切った。この経験やノウハウ、自信が WAKWAK の設立にもつながることとなった。現在、社会福祉法人つながりは障がい者の日中活動支援、就労支援、ホームヘルプ・ガイドヘルプ、相談支援、放課後等デイサービス、グループホームの運営に至るまで多岐にわたる事業を行っている。
　さらに 2004 年には地域の再生とまちづくりへの新たな取り組みとして富田まち・くらしづくりネットワークの結成が行われた。ここでは地域住民が中心となりながら地域における自治会の再生の取り組みや富田の伝統的な祭りである江州音頭の復活、地域清掃を行う大掃除大作戦など、「行

政にやってもらう」から「地域住民自らが進めていく」取り組みを行い、地域住民全体のまちに対する自治意識の醸成や意識変革をゆるやかに図ってきた。

　2008年4月には、富田支部から行政への呼びかけのもと、高槻市内において人権啓発を行ってきた主な人権市民団体5団体（高槻市人権啓発推進協議会、高槻市人権富田地域協議会、高槻市人権春日地域協議会、富田・赤大路人権教育推進会議、城南中学校区人権教育推進協議会）が、より主体的・自立的な活動を行うために発展的解消を図り、新たな団体として一般社団法人高槻市人権まちづくり協会（以下、まち協）が発足。人権施策を進めていくために行政と協働し得る組織として確立され、市域全域に人権啓発を進めていくこととなった。まち協は「市民力でひとづくりまちづくり」をテーマに、主な業務としては行政が行う講演会や連続講座などの人権啓発イベント、人権研修のための人権啓発指導員の派遣、市内18中学校区に単位会を設け、草の根での人権啓発を推進する地域活性化事業などを実施している。また、富田・春日両地域における隣保館（現・高槻市立富田・春日両ふれあい文化センター）は2014年に、施設運営は高槻市（行政）が行い、人権啓発等のソフト部分の運営はまち協が業務委託を受けるという全国でもめずらしい半官半民の形態でスタートした。

　これら一連の取り組みから富田地区においては主な社会資源として、行政直営の青少年会館（現・高槻市立富田青少年交流センター）、先に述べた半官半民による運営の隣保館（現・高槻市立富田ふれあい文化センター）、主に障がい者支援を行う社会福祉法人つながり、地域住民が主体となって運営を行う「富田まち・くらしづくりネットワーク」、運動体としての富田支部があり、そこへ民間の非営利型一般社団法人としてWAKWAKが設立されることとなった。こうして多様な運営形態を持つ組織を地域の中につくることにより、多様な住民のニーズに柔軟に対応できる地域の受け皿を生み出している。また、これら多様な運営形態の組織を併存することは、政治情勢の激変等によって流動的な社会情勢の中においても「受け皿」を守っていくための戦略でもある。

　以上に述べた一連の流れから、現在、富田地区には歴史ある旧寺内町と

いう側面と、一連の同和対策事業の中で建設された310戸の市営住宅を有し、生活困窮世帯やひとり親家庭、高齢世帯等が多く居住し、様々な社会的課題を抱えている側面がある。

一方で地域・家庭・学校・行政等が長年にわたって連携しながら社会的弱者を支えてきた伝統を持つ地域でもあり、そのことから多様な社会資源のネットワークを持っていることも特徴である。

第2節　一般社団法人タウンスペースWAKWAKの設立と組織の変遷

1．組織の立ち上げ期

このような長年の解放運動や実践の蓄積の上に、2012年に非営利型の一般社団法人としてWAKWAKは設立されることとなった。WAKWAKは、「すべての人に居場所と出番がある社会」「すべての人がSOSを発信でき、互いに支え・支えられる社会」「新しい公共の主体としての自立・参加・協働による地域社会の再生とつながりのある社会」を理念としている。そこには先に紹介した社会福祉法人つながりなどの設立を通して「地域住民自らが経営のリスクを負いながらも自らの意思決定において地域住民の願いをカタチにできる」（障がいがあっても地域の一員として同じ地域で生きていける）という経験が活かされている。

そのWAKWAKの変遷および変革について、①組織形態の確立、②包摂型のまちづくりへの転換、③財政基盤の確立のそれぞれにおいて、生成のプロセスを振り返りながらまとめる。

組織の立ち上げ当初、WAKWAKは「子どもから高齢者までを支える仕組みづくり」として具体的な事業の3つを柱建て、実践を始めた。富田地区の公営住宅は、古い棟で築50年を過ぎ老朽化が進んでおり、全面建て替えが決まっていた。この建て替え計画も含めた、地域福祉のグランドデザインをつくる事業が1つ目。

　２つ目は生きがいと居場所づくり事業。WAKWAK の事務所がある一角
は、社会福祉法人つながりが運営する知的障がい者福祉事業所サニース
ポット、高槻市立富田ふれあい文化センター（隣保館）、同富田青少年交流
センターなどのまちづくりに関わる施設が集中している。これらの既存施
設を社会的資源として積極的に活用している。障がいの有無を超えてアー
トでつながる「ボーダレスアート事業」では、月に２回、青少年交流セン
ターでアート教室を開いている。

　３つ目は子どもの歩みバックアップ事業。2014 年に生活困窮者自立支
援制度を先取りし、生活困窮家庭など様々な社会的不利を持つ子どもたち
への学習支援事業を始めた。

2．社会的企業としての組織形態の確立

　ここからは WAKWAK がいかにして社会的企業としての組織形態を確
立していったのか、その変遷について「解放運動」の文脈で論じる。ここ
で、まず解放運動について概観することにしたい。

　解放運動の歴史は古く、その源流は 1922 年の全国水平社の創立にさ
かのぼる。『大阪の部落解放運動──100 年の歴史と展望』は、1922 年に
「人の世に熱あれ、人間に光あれ」と差別からの解放を願って全国水平社
が創立されてからの 100 年を振り返っている。第 1 期「糾弾闘争主導の
時代」、第 2 期「行政闘争主導の時代」、第 3 期「共同闘争主導の時代」
を振り返ったうえで、これから目指す第 4 期のテーマを提起している。

　第 1 期は「糾弾闘争主導の時代」として、それまでの差別が「野放し」
の状態にあった中で被差別当事者が毅然と立ち向かい抵抗する姿を通して
「当事者運動の意味と役割を社会に問い示した」約 33 年間であったと述
べている。

　それに続く第 2 期は「行政闘争主導の時代」として、高度経済成長の
背景のもと解放運動が飛躍的に発展し、各地区における生活住環境が大き
く改善された時代であったと述べている。一方でこの成功体験は運動と手

段を固定化し、「行政の責任」を絶対化しすぎ、その後の解放運動を行政の枠内に閉じ込める結果になった。さらにその時期に一連の不祥事も生み出され、運動の社会的信頼を失墜させる課題も生起させた32年間であったと述べている。

第3期は「共同闘争主導の時代」として、部落問題を社会問題として捉え直し、その解決に向けて、同じ「根」を持つ様々な差別や人権課題の闘いと連帯し、差別の本質として存在する社会構造や差別社会システムに挑戦する市民運動として、その中核的役割を担うことを意図して運動が取り組まれてきたと述べている。

それら3期にわたる時代の変遷を受け、101年目からの第4期の運動として「地域共生社会実現に向けた社会課題に挑戦する部落解放運動」を謳っている。大阪府連委員長の赤井隆史は、全国水平社創立から100年を迎えた今は運動の第4期に入っているとし、「"地域経営"というキーワードで、コミュニティを再生させ部落が持っている資源（隣保館など）を社会的課題解決のために役立て、地域共生社会の実現にむけて奮闘するという部落解放運動第四期論としての実践に突入している」と述べている（赤井 2022）。つまり以前は同和対策事業により行政施策として行ってきた支援を、被差別部落住民自らがNPOなどの社会的企業を立ち上げ経営する中で、子どもから高齢者まで多様な住民の「支えあい」を生み出そうとする取り組みである。そのような流れの中で、とりわけ大阪の各地では周辺地域にも支援対象範囲を広げながら、まちに住む子どもから高齢者までを対象に様々な社会的弱者を包摂するまちづくり、つまり社会的包摂を目的にしたまちづくりを行っている地域が近年増えてきている。そして、部落差別の解決を起点としながらも現在の様々な社会課題の解決に向けて多岐にわたる実践を展開している。

これらをふまえWAKWAKの実践に戻りたい。2012年の法人設立当初から数年間は、それまでの部落解放同盟高槻富田支部（以下、富田支部）が窓口として担ってきた解放運動としての「社会運動性」と、事業体としてのWAKWAKの「実践性」の両者が混在していた時期でもあった。先に紹介した『大阪の部落解放運動——100年の歴史と展望』によれば、第2

期の行政闘争主導の時代に運動が発展した反面、その成功体験は運動と手段を固定化してしまい、「行政の責任」を絶対化しすぎ、それを金科玉条としたことが組織の想像力と思考力を停止させてきたと述べている。

　言い換えれば、これまで行政に要求すれば物事が実現化された経験は、次第に「誰かがいつかなんとかしてくれる」という行政依存と「他者（行政）を批判することで自らの責任を負わない」意識を生み出していったともいえる。また、世代間の大きなギャップも生まれていた。富田地区においては同和対策特別措置法によるアファーマティブ・アクションによって公務員層が多いことが特徴である。つまり、行政という枠組みの中で雇用保障があり、法律をもとに行政の直営事業として地域における様々な支援を行うことができた。これらの施策は生活水準や教育水準の向上という点で非常に有効だったといえる。その成果を前提としながらも、その公務員層が大半を占める世代（解放運動を中心的に進めてきた世代）と、法期限後に育ってきた、もしくは地域で活動を始めた世代（NPO職員など）では、思っている以上の乖離があった。例えば、公務員層であれば就労が保障され、毎月給与が振り込まれ、病気等になった際の手当も整備されている。事業も行政の直営のころであれば事業費が組まれており、いかにそれを有益に執行していくのかが求められてきた。一方で、社会的企業は事業費も、事務所経費やスタッフの給与という人件費などの間接経費の財源も法人自らが得ていかないといけない。ほんの一例をここには挙げたが、この世代間ギャップは相当大きく、活動の至る所でそのギャップは見えていた。いわば「あたりまえ」とする前提が全く違っているのだ。

　ただ、事業は課題ばかりでもない。社会的企業においては行政の枠に縛られることなく法人（地域住民）自らが意思決定し、自らの財源において即応的かつ柔軟に社会変化を生み出すことができる。具体的な事業内容については2章以降に述べるが、チャレンジすることによって社会変化が生まれていくことは非常におもしろくやりがいがある。また、チャレンジすることで人も組織も成長する。そうして動きがあるところに人もおのずと集まってくる。それは地域全体の活性化と密接につながっている。富田地区の実践においても、課題に対し様々な事業をゼロから生み出していく

過程の中で、そのような好循環のサイクルが生まれていった。

　そのことから、行政依存の最大の課題は「意欲」や「チャレンジ精神」を喪失させてきたことにあるといえる。全国水平社の創立から続く長年の解放運動から同和対策事業等の施策が生まれるまでは、今では想像できないような先人のたゆまぬ努力と社会運動の積み重ねがあることは、当時の厳しい差別の状況を思えば想像に難くない。しかしながら、その運動の成果の１つであるアファーマティブ・アクションによる安定は、その副産物として、皮肉にも「意欲」や「チャレンジ精神」、「危機意識」の喪失を生み出した。社会的企業による取り組みは、そうして地域住民が失ったものを再び取り戻していく取り組みであるともいえる。

　このような課題認識のもと、組織の設立当初においては運動体と事業体を分離することに着手した。つまり行政等との交渉のための窓口としての富田支部と事業体としての WAKWAK の役割を切り分けた。そして、WAKWAK においては、社会変化の前進のため「理想や理念」よりも「実践」をなにより重視することに徹底的にこだわり、転換を図った。富田支部として人権施策を行う「行政責任」を追及しながらも、WAKWAK として実践を通じた社会課題の解決を図るという役割分担である。

　そこでは、先に挙げたような３つの社会貢献事業の対象範囲や法人全体としてのまちづくりの方向性、事業を支える財源のあり方をいかに整理していくのか、地域内における住民の意識変革や組織の改編、次世代への継承などの変革をいかに起こしていくのかが急務であった。そのため、①従来の地域支援の意思決定の仕組みの進化、②リーダーシップの意向と役割分担、③組織形態とまちづくりの方向性、④ベテラン層と次世代のボランティアの融合に主として取り組むこととなった。

(1) 従来の地域支援の意思決定の仕組みの進化

　WAKWAK は設立当初より地域支援の意思決定を行う仕組みとして、「事務局会議」、「運営スタッフ会議」をはじめ一般社団法人の法律[11]に基づく「社員総会」、「理事会」という機関を設けていた（表１参照）。そうし

て WAKWAK の事業をはじめ地域支援の方向性を決める際に、事業に携わるボランティアや地域関連組織からの意見を吸い上げ、協議する場を設けていた。その仕組みに、公共性を担う専門性の担保のため、2018 年以降は従来のメンバーに加えて新たに関西大学や大阪大学、平安女学院大学などの学識者を理事に迎えた。

表 1 WAKWAK および地域支援の方向性の意思決定機関一覧（2022/12/25 時点）

会議体	メンバー	開催時期	内容
事務局会議	WAKWAK が雇用するスタッフで構成	月 1 回の定例会議	事業や組織運営の実務の共有や協議
運営スタッフ会議	WAKWAK 事業に携わるボランティアの中で中心的な役割を担っているメンバー 6 名で構成	年に 3 回	WAKWAK の運営に対する協議
社員総会	富田支部の役員や老人会、社会福祉法人などの地域関係団体の職員等 18 名で構成	年に 2 回	事業計画・予算および事業報告・決算等の審議・承認、理事の選任・解任等
理事会	※理事・監事は上記から選出。主に代表理事・業務執行理事・学識者等 11 名で構成	年に 3 回	事業計画・予算および事業報告・決算等の審議・承認、規程類の制定等

(2) リーダーシップの移行と役割分担

　組織の立ち上げ当初は代表理事である岡本茂氏が組織全体の方向性を出し、上記の意思決定機関の審議を経て決定・実行するスタイルであった。そして、事務局体制として 2 人のパート職員を雇い、有償ボランティアの協力を得ながら事業運営を行うというスタイルを取ってきた。また、岡本氏はもともと高槻市議会議員であったことから、代表理事に就任する

前年に議員職を岡井すみよ氏（現・富田支部副支部長）に引き継いだ。そして、2016年には岡本工介（筆者）が事務局長に就任、2018年には業務執行理事兼事務局長に就任した。このことにより地域支援全体の方向性を統括する代表理事、行政施策および行政との窓口を担当する市議会議員、WAKWAKの事業や事務統括機能を司る業務執行理事兼事務局長の3者がキーマンとなり、上記の会議および富田支部との調整を経て地域支援の方向性を決める体制へ移行した。2016年当時の運営は、法人事務所に常勤職員1人、パート職員3人、無給役員2人の計6人体制で運営を担っていた。

(3) 組織形態とまちづくりの方向性

　2016年、新たな事務局体制のもと、組織形態として先に述べた「社会性」、「事業性」、「革新性」を持ちながらも、一方で事務所経費や人件費などを収益から捻出することで企業体として成立する「社会的企業」を目指した。そこには、近年の、とりわけ大阪における新自由主義の台頭による人権行政や人権教育の実践の著しい後退という背景がある。

　2002年以前の同和対策事業においては、人権施策の推進は行政責務であるという法律のもと行政の直営で施策が行われてきた。2002年の一連の同和対策事業の法律期限切れ以降は、一般施策のもとで地域によっては行政責務を残しつつも、隣保館に対する指定管理者制度の導入や人権施策の業務受託といった行政と民間の協働により人権施策の推進が行われてきた。しかし、近年の政治情勢の激変により、各地の被差別部落を拠点に人権啓発と地域福祉の向上・推進を図るために設置されてきた隣保館が統廃合の波を受ける（全国で1,000館を超えていた隣保館が現在では800館前後まで減少している）など、多方面においてこれまでの実践が大きく後退させられる状況が起こっている。

　一方でそのような状況を甘んじて受け入れるのではなく、被差別部落における隣保館事業の活性化を行う地域や、NPO法人などの社会的企業を通じた地域の活性化を行う地域も見られる。WAKWAKの実践はそれらの

実践を先取りしたものである。つまり、新自由主義下において政治情勢の急変が起ころうとも、これまでの解放運動を通じて培ってきた支援の仕組みやノウハウを守り、かつ持続可能なものにしていくための戦略だった。また、当初の目標として、行政の受託に頼ることなく運営を行えるようにすることで、地域支援において地域住民自らが意思決定を行い運営するための仕組みの確立を目指した。

　また、まちづくりの方向性として、①持続可能な受け皿づくり（収益事業の立ち上げによって得られた収益を社会貢献事業に循環し、事業を持続可能なものにすること）、②実践先行型・地域発信型（世の中が求めているものを実践として先行的に始め、かつその実践を日本各地に地域から発信すること）、③中学校区のセーフティネットの構築（同和対策事業等を通して行ってきた支援のノウハウを、徒歩30分以内にサービスにつながる生活圏域＝地元中学校区に対象範囲を広げケアネットワークを構築すること）、④マンパワーの発掘（まちに携わる多様なボランティアの発掘）、⑤多職種連携（地域が長年伝統として培ってきた地域、家庭、学校、行政という連携をさらに広げていくこと）という5つの方向性を掲げた。

(4) ベテラン層と次世代のボランティアの融合

　WAKWAKには長年の市民運動の時代からの成果として元学校教員やベテラン保育士、長く市民活動を行ってきたベテラン層のボランティアとのつながりがあり、彼ら彼女たちによって多岐にわたる事業が支えられてきた。そこへ新たな動きとして近隣大学の研究者のゼミや大学との協定を通じた大学生の現場への派遣、法人職員が大学の非常勤講師として担当した授業で大学生を募集するなど、若年層のボランティアの発掘に力を入れた。そして、ベテラン層から大学生などの若年層まで世代、分野、属性も多様な層が携わる組織へと進化させた。それらの動きを通じて、多岐にわたる事業に対し地域住民から大学生に至るまで200人以上のボランティアに支えられながら事業を行う仕組みへと切り替えた。また、同時に富田支部の地元の老人会を含め5団体の事務受託も行ってきた。そのことは地域の様々な声が事務所に集まる仕組みにもつながってきた。つまり基幹

業務を担う最小人数の事務局体制で、地域の諸団体の統括組織であるとともに、住民のよろず相談や困りごとが集まる場であり、多岐にわたる事業も同時に行う組織形態であった。

3. 包摂型のまちづくりへの転換

　WAKWAK の実践を振り返ると、あらかじめ方針を決めて実践を行うこととともに、実践を通してまちづくりのコンセプトが見出されてきたのも特徴的である。
　実践における組織の転換期は先に紹介した「立ち上げ期」、本項で論じる「変革期」「発展期」の 3 期に分けられる。
　「変革期」に、WAKWAK は多岐にわたる事業を行いながらも、とりわけ 2017 年からは「子どもの居場所づくり事業」を通じて昨今日本社会全体で課題となっている「子どもの貧困」の解決に重点を置いてきた。当事業の詳細についてはのちに論じることとするが、WAKWAK は解放運動を根っこに持つ団体としてテーマ型の NPO にあるような事業を行うことに並行して、自治会の再構築や地元の祭りなども運営する地縁組織としての性格も持つ。また、併せて「社会運動」としての動きも同時に行ってきた。これらの実践では、社会において教育現場や制度等からともすればとりこぼされがちな社会的不利を抱える子どもたちをはじめとするすべての子どもたちが参加できる仕組みづくりを目指してきた。言い換えれば、「社会的排除」を超え、いかに「社会的包摂」を生み出せるのかがまちづくりとして最も大切なファクターであり、これらは組織の根幹の考えとして一貫して存在する。このまちづくりのスタンスは先に紹介した「差別の結果による全般的不利益の悪循環を克服するための実践や地域・家庭・学校・行政が連携して社会的弱者を支える取り組み」を再評価し、支援対象の範囲を周辺地域にも広げながら、まちに住む様々な社会的弱者を包摂するまちづくりのあり方である。
　子どもの居場所づくり事業は、地域において活動をする中で被虐待児と

の出会いがあり、「地域に居場所が必要だ」との信念から生まれた事業である。それは、解放運動における多様でインフォーマルな組織や団体間のつながりを基盤としながら発展させた取り組みである。つまり、それまでの実践において連携してきた地域・家庭・学校・行政に加え、さらに発展させる形で大学・企業も加え「多セクターとの共創による課題解決の仕組み」を構築していった。それらは国連が提唱している持続可能な開発目標である「SDGs」における目標の 17「パートナーシップで目標を達成しよう」などの時代が求めるものを先見的に取り入れた取り組みでもあった。

　「発展期」への変革は、まさに 2019 年に起こった新型コロナウイルスの感染拡大という社会の変化が要因となった。コロナ禍により社会的不利を抱える人たちへの支援の必要性が拡大したことに伴い、WAKWAK は富田地区で行ってきた包摂のネットワークづくりをさらに広域的に広げることに舵を切った。言い換えれば、富田地区（人口約 2000 世帯）において多様な組織との包括支援で社会的弱者を支援し、そのことを通して得た社会的不利を抱える人も見捨てない地域づくり（包摂のまちづくり）のノウハウを高槻市の市域全域（人口約 35 万人）に広げることへチャレンジした。ここで目指したのは、社会課題が複雑化している現在において、官民の連携かつ多様なセクターとの共創により課題解決を図ることで「社会システムの変容」を生み出そうとするものであり、いうならば社会そのものを変えようとする実践であった。また、その中で被差別部落発の支援のひな形を日本全国の支援のモデルとして構築し、そこで得られた知見を発信することを通して全国のフロントランナー実践（全国の先駆けとなる実践）を創ろうとするものであった。

　そこで新規事業として「市域広域事業」を立ち上げ、2021 年度に 2 つの事業を受託し行うこととなった。1 つ目は厚生労働省支援対象児童等見守り強化事業を用いた「高槻市子どもみまもり・つながり訪問事業」、2 つ目は「居場所の包括連携によるモデル地域づくり（全国）事業（認定 NPO 法人全国子ども食堂支援センターむすびえ休眠預金事業）」である。さらに 2022 年度はそれらの 2 事業に加え、厚生労働省「ひとり親等の子どもの食事等支援事業」を受託し、3 つの事業を運営することとなった。この決断は、

それまでの組織が大切にしてきた被差別部落を含む地元中学校区を対象に包摂を生み出すという考えの対象範囲の拡大、法人の基幹業務の雇用体制、財源のあり方など組織の根幹そのものを組み替えることだった。

4. 財政基盤の確立

　次にこれらの事業を支えるための組織運営および財政基盤の確立について述べる。

　社会的企業において、組織体として成立し社会変革を生み出すためには、その財政基盤は非常に重要なファクターである。さらにいえばどのような種類の財源をもとに運営しているのかということやその割合、事業運営に際しての財源状況の把握も、持続可能性を考えた際には非常に重要な要素である。

　昨今、日本全国で爆発的に数を増やしている子ども食堂などの取り組みは、地域支援においても重要な場の1つとして注目される一方、その継続性も課題となっている。日本全国で学習支援や子ども食堂などを行うNPOの調査結果によれば、財源、人の体制が課題となり閉鎖せざるを得なくなった子ども食堂も散見される。この状況をバックアップするため行政機関による子ども食堂への補助金交付などが始まりつつあるものの、全国に広がる民間の子ども食堂発足の流れに対し、制度は全くもって追いついていない。また、学習支援や子ども食堂など子どもの居場所づくり事業を行うNPOはぜい弱な財政基盤を安定化させるため、行政からの支援に頼る傾向もある。筆者はこれら困窮者支援は公的支援で行う必要があると考えているため行政支援に頼ることに異論はない。しかしながら、それは一方で協働という名の行政からの下請け化、つまり委託元の仕様書・費用対効果、かけた費用に対して何人参加したのかという評価基準に縛られるという矛盾も、同時にはらんでいる。委託元の制約に縛られるあまり、費用対効果の尺度では測りきれない制度の狭間にいる子どもたちに支援が行き届かないというジレンマに陥る。また、行政からの支援は、政治状況が

一変したり、首長が変わったりすると施策の転換が図られ、一気に事業運営が滞ってしまうリスクを常に持ち合わせている。現に、日本各地で行政からの受託によって学習支援事業を運営していたNPOにおいて、一般競争入札の導入による選定先の変更等に伴い、前年度3月31日まで実施できていた事業が翌年度の4月1日を迎えた時点で滞ってしまったという事態が起こっている。また、行政支援以外では企業等からの助成金を得るという方法もあり、それらは財源となり得る反面、多くは単年度助成が主であり、複数年度助成であっても長くて3年から5年が多く、採択の可否によって事業運営は大きく影響を受ける。

　各地の被差別部落における実践においても同様のことが起こっている。先に述べた昨今の大阪府下における新自由主義による人権施策の激変による影響である。そのような大阪府下の危機的な状況のもとで、いかに長年の実践を継承、発展してゆくのかという、まさに生き残りそのものをかけて見出した形態が社会的企業であった。そこには、その時々の政治状況に左右されない法人をつくるという地域の決意がある。そして、それらを具体的な実践にする際、必要となるのが社会的企業の運営や経営ノウハウである。先に述べたように、富田地区においては、同和対策特別措置法によるアファーマティブ・アクションによって公務員層が多いことが特徴である。そこでは、行政という枠組みの中で雇用保障があり、法律をもとに安定的に社会課題の解決に取り組むことができた。これらの施策は生活水準や教育水準の向上という点で非常に有効だったといえる。しかし、同和対策特別措置法も2002年に法律期限切れを迎え、時代も変化し、解放運動においても大きな転換が求められていた。社会的企業の枠組みは以前とは明らかに違う。WAKWAKの場合、非営利型の一般社団法人の組織形態を取っており、事業計画や予算として組織の方向性を出すのも、事業を生み出すことも、その裏づけとなる財源や組織を支える労務、総務管理を行うことも、「一般社団法人及び一般財団法人に関する法律」に基づき自ら組織運営を行っていく必要がある。よって事業を生み出そうとすると、そこには事業運営、労務、総務管理に至るまで多岐にわたる分野の煩雑で膨大な実務が必要となる。つまり、今後は、これまでの同和対策事業を中心と

してきた解放運動では担ってこなかった法人運営をはじめとする様々な実務を自らが担い、地域全体をマネジメントする「地域経営」をしていくことが不可欠であるといえる。

　そのような考えのもと、組織変革において時代の変化に伴い住民の意識改革をどうするのか、実際の財政基盤の改革を具体的にどう行うのかが最も重要かつ難しい課題であり、筆者自らが最も苦心してきたことの１つであった。それまで地域に根づいてきた解放運動という社会運動の文脈において、財源を得ることの重要性はそれほど認識されていなかったからである。しかしながら、WAKWAK は事業体である以上、そこには実践を行う事務局の人件費や事務所経費等の間接経費などを支払うための財源が不可欠である。財源の裏づけがなくなれば、結果としてその法人が支えるすべての事業も運営が滞ってしまい、組織そのものが持続できなくなり、やがて拠点を失ってしまうからである。また、この数年、大阪の状況でいえば行政施策にだけ頼ると首長が変わった途端に拠点も支援の蓄積も失う厳しさを目の当たりにしてきた。そこから痛感したのは財政危機の回避の必要性と、それに並行した関係者の意識改革ができなければ地域支援は簡単に崩壊するという危機感であった。実際に他地域において隣保館の運営の廃止や統廃合の波は現実に起こっており、全国で 1,000 館を超えていた隣保館が現在では 800 館前後まで減少している。

　そのことから、著者は事務局長に着任して間もなく、WAKWAK および地域の関連組織の財政状況を洗い出し、一覧表で可視化し、かつこのままの財政状況が続けば数年後にどのような状況になるのか、その財源のシミュレーションも併せて法人社員総会、理事会をはじめ支部関係者で共有した。筆者が事務局長に着任した当時（2016 年時点）では、このままなんの手立てもしなければ 2021 年に財政破綻を迎え、WAKWAK のみならず地域の関連組織が拠点とする事務所そのものを失うというまさに危機的な状況であった。その状況を可視化し、危機意識を共有することから始めた。まずは何よりも先に「誰かがなんとかしてくれる」という長年にわたる危機意識の喪失から脱却するため、危機感を共有することから始める必要があった。危機的状況にいるにもかかわらず「危機であることを関係者

が気づいていないということそのものが最大の危機である」と感じていたからだ。

この状況に対し WAKWAK では、子どもの居場所づくり事業をはじめとする社会貢献事業を支える収益事業を創設することで、行政の受託に頼らない法人を確立してきた。2012 年の法人設立当初は総事業費 797 万 3,202 円、財源は助成金中心かつ事業は社会貢献事業中心の法人であった。そのため基金を取り崩しながら運営を行ってきた。そこから 2016 年の組織変革の際に、持続可能性を追求するため「助成金中心の財政基盤」から「事業収入、寄付金収入中心の財政基盤」への方針転換を図った。その方針に伴い、①企業会計（複式簿記経理）の導入、②収益事業の立ち上げ、③事務受託団体の開拓、④寄付金を得る仕組みづくりを行った。

①企業会計（複式簿記経理）の導入では、経理処理を従来の単式簿記から複式簿記へ切り替えた。そのことにより従来は収支計算書において年度ごとの財政状況しか把握できなかった状況を、組織全体の資産状況を把握する貸借対照表と、年度ごとの財政状況を把握する損益計算書の双方から経営を把握できる状況に変えた。

②収益事業の立ち上げでは、講師派遣事業や視察の受け入れ事業、スタディツアー事業の新設を通じて社会貢献事業を支える収益を得る仕組みを創設した。

③事務受託団体の開拓では、すでに行っていた地域関連組織の事務受託の請負をさらに増加させた。

④寄付金を得る仕組みづくりでは、従来の手渡し、銀行振り込みによる寄付金を得る仕組みに加え、クレジットカード決済やチャリティグッズの製作・販売により、賛同者からの寄付金を得る仕組みを新設した。また、会員に対しては法人の事業の様子を伝える機関紙「WAKWAK 通信」を年 3 回以上発行・送付し、寄付者に対しては事業をまとめたアニュアルレポートやメディアで放映された事業についての映像の DVD などを送付することで事業の報告を行い、支援の継続および新規会員、賛助会員の増加促進を図った。

結果、2018 年度の法人決算では、前年度の約 2 倍の総事業費 1,720 万

2,945円、基金の取り崩しを行うことなく純利益として317万4,758円を上げた。収入比率の内訳は会費収入3%・寄付金10%・助成金30%・自主事業収入53%・その他4%となり、うち行政からの受託は1.7%にとどめた。そのことにより財政破綻の危機を回避し、WAKWAKとして当初より目指してきた行政等他組織を介さずに地域住民が独自の意思決定を行い、地域支援を行うための仕組みが確立された。そこから得られたのは、「行政依存」を脱却し、地域住民自らが地域経営を行うことができるという自信であった。その自信はその後、コロナ禍による影響などの危機を何度か迎えながらも、それまでの実績をふまえ高槻市や国からの委託事業等の受託へもつながり、2021年度の決算額は2,862万8,989円、純利益442万7,549円、2022年度の当初予算は3,083万9,000円となり、設立当初の約800万円規模の法人組織は着実に成長を遂げることとなった。

　これらの過程はその経営リスクと責任、事務の煩雑さと引き換えにして、その時々の政治状況に翻弄されず地域住民自らが地域支援のあり方について方向性を出し、課題解決をしてゆけるという自信と大きな可能性を得ることにつながった。こうして、中学校区における支援のひな型を創りながらも日本全国に支援のノウハウを発信していくというまちづくりのスタイルが、事業面、財政面ともに確立されていった。また、この過程は、政治情勢が変わろうともマイノリティ当事者自らが自主財源をもとに地域支援の方向性を決め、かつ持続可能なものにしていけるという自信と実績にもつながった。こうして一定水準の財政基盤ができたことにより、さらに次の段階の高槻市域全域における実践へと成長を遂げていくことにもつながっていった。

第3節　この章のまとめ

　本章では、解放運動の文脈において高槻富田地区が歴史や地域性をもとに一般社団法人タウンスペースWAKWAKという社会的企業をいかにして立ち上げ、地域住民の意識変革を図りながらその実践を事業面、財政面

ともに確立してきたのかをまとめてきた。

　小括として、なぜ高槻富田地区においてはこのような従来の運動のスタイルから社会的企業としての転換を図ることができたのかについて述べたい。

　それは、第1に「改革の歴史の積み重ね」がある。先に述べた保育・教育運動、まちづくり運動においては、厳しい差別の実態に対し対症療法的にその都度関わるのではなく、事業内容の抜本的な見直しや機関連携のあり方の見直しまで常に改革を経てきた歴史がある。

　第2に「住民意識の醸成」がある。先に述べた社会福祉法人の設立や住民主体の「富田まち・くらしづくりネットワーク」の取り組みなどは、いずれもこれまでの「行政へのおまかせ」から脱却し住民自らがまちづくりをしていくための取り組みである。これらの土壌があったうえでWAKWAKが立ち上がったことで変革を遂げることができたといえる。

　また、第3に「風の人」をうまく取り入れた点である。まちづくりにおいて地域で長年活動する「土の人」と、外からの風を地域に吹かせる「風の人」の融合がまちの活性化につながるということがいわれて久しい。「風の人」というとき、一般地区に育ち外から地域内に入るパターンと、地域の中で育ち外に出ることで客観的な視点を持ち帰るパターンとがある。いずれにしてもそこで起こることは、それまでの地域にはなかった外の価値観を中に持ち込むことである。これは振り返れば、1960年代の学生運動の時代に当時の学生が被差別部落に入り、そこで従来活動を行ってきた「土の人」とともに運動を活性化してきたこととも重なる。

　第4に「リーダーシップの移行」がある。WAKWAKにおいては代表理事から事務局長へとリーダーシップが移行されたが、多くの地域でリーダーシップが移行されないままである実態をよく目にする。そこで起こることは、先に述べた世代間ギャップなどにより次世代が育たないということである。リーダー層を担う世代が自ら意識変革を図るか、もしくは全く違った発想を持った次世代へとリーダーシップを移行するのか、そのいずれか／いずれもが果たされなければ従来のスタイルからの転換は難しいといえる。

　第5に「リーダーのあり方の転換が行われている点」である。同和対

策事業下においては、いかに多くの大衆を組織し得たか、行政からどれだけの成果物（改良住宅建設や公共施設整備などの諸制度）を得られたかが良き指導者・リーダーのメルクマール（基準）とされた。責任は行政にあり、自らが責任を負わなくても済んだ時代であった。しかしながら、社会的企業においては社会に今求められているニーズ、変化の兆しをいち早く読み取る先見性と、自らが財源を生み出し組織の方向性を決定づけるリーダーが求められる。成果が得られなければ当然にリスクも背負う。全国一律ではなく多様な組織、運動形態のあり方を担う多様なリーダー像が求められるであろう。今後、それぞれの地域で一地区一社会的企業を進めていく際には、そんなリーダーシップへの移行とともにリーダーのあり方そのものの転換が不可欠である。

　次に、本章でWAKWAKの組織運営について明らかになったことについて「成果」および「今後の解決すべき課題」の両面から述べたい。

　まず、成果の第1に「社会運動のあり方に変化を生み出した点」がある。かつての解放運動が主導してきたのは、行政責務の「要求」を通した行政施策によって社会の変革を生み出すというスタイルであった。その従来の方法から、地域住民が主体となった団体自らの「実践の提示」によって社会変革を促す仕組み（社会的企業）へと大きく転換してきたという点である。

　また、第2にそれらのプロセスを通してそれまでの解放運動の課題であった「行政依存」から脱却し、地域住民が自治を取り戻し地域経営を行うノウハウを確立した点である。これらは、同時に地域住民自らが地域支援を担うことができるという自信（エンパワメント）も生み出している。

　第3に「社会情勢の変化に合わせ変革を行っている点」である。社会福祉法の改正に合わせた社会福祉法人の設立や、新自由主義化の台頭による隣保館の統廃合の波などに対するまち協や社会的企業としてのWAKWAKの設立などは、社会情勢の変化に合わせつつ、これまで培ってきた取り組みをいかに存続させ、かつ発展させるかの先に見出した手法である。

　第4に「まちづくりのあり方の転換を図っている点」である。セツルメント[12]から始まった同和対策事業下においては、差別の結果による明確

な課題が同和地区の住民に起こっていた。しかしながら、同和対策特別措置法も失効する中、その時代の変化にかかわらず仮に被差別部落の住民のみを事業対象として固辞し続けていたのであれば、関係機関からの理解は得られず他機関との連携は難しかったことが容易に想定できる。社会情勢をふまえ、一方で被差別部落に外からの様々な社会課題が集積する中で、それらを包含するまちづくりのコンセプトとして「社会的包摂のまちづくり」に転換した。

第 5 に「実践を通じ社会的認知を広げている点」である。「子どもの貧困」を解決するという目的を掲げ、社会課題が集積する被差別部落を拠点に、中学校区さらに市域広域と周辺地域にも課題解決の実践を広げ、被差別部落外からの理解や賛同を広く得ていくことで「社会的認知」を広げている。

第 6 に「財政基盤の確立において自主財源を得る仕組みを生み出した点」である。民間からの助成金や行政からの委託は出資元、委託元の意図（行政であれば仕様書）に応える実践が求められる。それはともすれば下請け化のリスクも伴っている。しかしながら、自主財源は法人自らの自己決定により柔軟かつダイナミックに実践を生み出すことができる。WAKWAKの実践によって地域の活性化が起こった要因には自主財源の創出が考えられる。

第 7 に、これら包括支援や社会変革のヘッドクォーターを担う組織として、WAKWAK は組織変革を通し財源を自主事業費を主とする基盤へと変革していた点である。これらは持続可能性という意味からも、行政等他組織を介さずに組織独自の意思決定とスピーディな課題解決を行えるという意味からも重要な側面といえる。

次に「今後の解決すべき課題」について、「組織マネジメント」に着目して挙げる。

第 1 に「急激な事業拡大に対する組織基盤の脆弱性」がある。WAKWAKはとりわけ 2016 年以降、急スピードで変革を遂げてきた。2016 年以降の「変革期」における「子どもの居場所づくり事業」の創設や収益事業の立ち上げによる財政基盤の改革、2019 年度のコミュニティ再生事業やコロナ禍

における緊急支援プロジェクトの創設、2021年度「発展期」における市域広域事業の創設と、2〜3年の短期間をスパンとして急激な変革を遂げてきた。それら急激な事業拡大に対し、基幹業務を支える事務局体制は追いついていない。今後、スタッフの待遇改善、専門性の向上、新たなスタッフの登用など体制強化が求められる。また、それら変革の必要性が地域全体に浸透するには時間がかかることから、広報や他機関において事業のわかりやすく丁寧な説明や関係者との共有なども求められる。

　第2に「1リーダーのリスク」がある。WAKWAKの運営においては従来、代表理事が組織および地域支援の方向性を出し、運営スタッフ会議をはじめ社員総会等において審議し決定、実行するという1リーダースタイルを取ってきた。そのスタイルは2016年に事務局長に引き継がれた。1リーダーの組織は意思決定が早く一貫しやすいため、ドラスティックに変化を起こすことには有効である。反面、リーダー不在となれば組織運営や事業は一気に停滞するリスクを持っている。先に述べたように事業拡大に応じて多岐にわたる事業を行っている状況において、リーダーが全事業を担当することは不可能である。そのため、リーダーを補佐する人材の育成および各事業に携わるスタッフへの分担や責任・権限の委譲などが求められる。

　第3に「包摂と能力主義のジレンマ」がある。一般社団法人の運営には、事業の企画・運営や財源の獲得のみならず、法に基づく労務や総務も行う必要性がある。つまり、スタッフにはその能力が求められることになる。一方で包摂のまちづくりを謳う際には、多様な課題がある人たちをも包み込んでいくことを理想とする。その両者には相反するジレンマが生じる。以前のような「アファーマティブ・アクション」による行政職員への登用などの施策がなくなり、地域自らが実践を行っていく際には、そのようなジレンマの中で理想と現実の着地点を見出しながら運営を行っていく術が求められる。

　第4に「次世代のリーダーの育成と継承の課題」がある。先にリーダーシップが代表理事から事務局長へと移行されたことは述べた。しかしながら、次の世代のリーダーは育っていないのが現状である。そして

WAKWAK は、解放運動を背景に持った組織である。つまり、次世代の
リーダーの育成には、NPO を運営するノウハウや専門性のみならず、解
放運動に対する一定の理解も求められる。また、地域支援を行う際には、
地域に時間をかけて根づきながら住民との信頼関係を構築していく「地
縁」の形成も必要となる。これらは一朝一夕に育つものではない。このこ
とから長い時間をかけた次世代のリーダー育成が求められる。

　第5に「収益の脆弱性と持続可能性の課題」がある。先に収益事業の
立ち上げによる財政基盤確立について述べた。一方で 2018 年度の法人決
算における収益事業は事務受託事業や講師派遣事業が主たるものであっ
た。2019 年、事務局長の講演という奇貨に頼る収益のあり方は、新型コ
ロナウイルスの感染拡大に伴う講師派遣・視察受け入れの激減により法
人の財源の減少につながった。また、それらは当初、事務局費用（とりわ
け事務局長の人件費）を最小限に抑えることで成り立っていた。この状況は
2019 年以降の2つの休眠預金事業の受託に伴い改善したものの、休眠預
金等[13]の助成金が収入の主となる状況を生み出した。休眠預金事業は3年
が助成期間であることから、3年後の組織の財源の見通しが立っていない
ことになる。この財源の脆弱性は組織の持続可能性とも不可分に結びつい
ているため、今後、自主事業の創出やファンドレイジング、寄付メニュー
の創設などを通じた財源の安定的な確保が引き続き組織のマネジメントの
課題として挙げられる。

　これをふまえ第2章では、富田地区における多セクターとの共創によ
るまちづくりについて論じたい。

コラム　高槻市富田地域の歴史について

元・第四中学校教員　村上民雄

　富田地域は、大阪府高槻市の西の端にあり、如是川と安威川にはさまれた富田台地の南東に位置しています。平安末期に荘園「富田庄」ができ、良質の米の産地として、平安・鎌倉・室町期を通じて中央政権の直接支配を受けてきました。支配が過酷な分、反権力的な土壌も培われていきました。室町期には惣村を母体とした環濠集落ができ、浄土真宗中興の祖である蓮如が富田道場（後の教行寺）を開いたことにより寺内町が形成されました。その後、寺内町を中心に商工業が発展しましたが、戦国末期、石山本願寺合戦に教行寺が参加して敗れた結果、教行寺に代わって本照寺が富田の中心となりました。

　被差別地域の成立は、太閤検地帳などの資料研究から、江戸時代はじめの延宝年間ではないかといわれています。江戸時代、被差別地域の人々は富田村本村の枝村として位置づけられ、小作や草履づくりなどの副業で生活をしていました。江戸前期には、摂津地域のほかの被差別地域の人とともに「二条城牢屋敷外番役」の役負担を拒否したり、「本照寺わび状」や「左義長の条文」などの資料から、江戸中期以降の差別強化に対して抵抗したりしていたことがわかっています。また、村方騒動や強訴（一揆）にも本村の百姓とともに参加するなど、支配と差別に抵抗した歴史が残っています。

　明治になり、解放令が出されましたが、被差別地域の人々の生活は変わらず、小作や草履・ふごなどのわら仕事、日雇い、行商などの仕事で生計を立てていました。やがて行商から生まれた植木の仕事が明治末期から昭和にかけてさかんとなり、被差別地域の地場産業となりました。

　運動面では、「富田村向上会」などの部落改善運動や佐竹敬太郎を中心

とした富田小学校での融和教育運動、地域の子どもの学力向上の取り組み（明倫塾）などが進められました。また、1923年6月には「富田水平社」が創立されて、差別事件に対する糾弾や地域の環境改善などに取り組んでいきます。

　戦後は、地域の活動の拠点として「明倫館」がつくられ、明倫塾を引き継いだ子どもの学習会や「向上青年団」の結成などの様々な活動が行われました。そして、1961年に部落解放同盟の富田支部が結成され、住宅闘争や市議会議長への糾弾闘争、各種施設建設などの行政闘争が展開されましたが、富田地域の運動の大きな特徴として教育運動があります。

　富田地域では、戦前の明倫塾や戦後の地域の学習会の取り組みなどとともに、保護者組織の「保育守る会」「教育父母の会」などを中心に家庭教育運動が取り組まれ、地域ぐるみで子どもたちの教育に力を入れてきました。しかし、こうした取り組みにもかかわらず、1985年に地域の中学生の高校進学率が60%を割るという厳しい事態が起こり、1987年に、学校、地域、教育委員会が中心となって「学力保障プロジェクト」が結成され、学校の授業や家庭学習などの見直しが図られました。1990年には、学力保障プロジェクトをもとに「教育改革推進会議」がつくられ、学校をはじめとする地域の各組織の交流や課題解決が図られました。こうした富田地域の教育改革は、それまでの強い地域連携の取り組みが土台となっています。1980年代に結成された広域の「富田自治協議会」や「富田赤大路地域人権教育推進会議」などでの、周辺地域も含んだ地域連携の取り組みが、地域・学校が一体となった教育運動や、本書で扱われている広域・包括的な共創の取り組みにつながっています。

　富田地域の歴史には、差別に対する不屈の戦い、生活や子どもを守るための創意工夫、他者に対する優しさ・あたたかさ、他者とのつながりを求める強い姿勢など、これからの地域運動の基本となるエッセンスが多くあり、これからの共創の取り組みの指針となると思われます。

コラム　差別の現実を社会的包摂で超える

タウンスペース WAKWAK 代表理事　岡本茂

　富田地域は、中核市である大阪府高槻市（人口約35万人）の西部に位置し、被差別部落を有している地域である。

　富田地域では部落解放運動の前身である富田水平社が全国水平社設立の翌年1923年（大正12年）に設立されており、戦後1962年（昭和37年）には部落解放同盟高槻富田支部が設立され、社会的弱者を支える活動が永く底流に流れている。

　WAKWAK が目指す社会的包摂のまちづくりの萌芽は1994年設立の「子ども・女性・高齢者・障がい者の人権ネットワーク」に始まるが、「受ける福祉から担う福祉・共に創る福祉」を合言葉に、2001年「新しい福祉のまちづくりプロジェクト」が結成され、2002年の社会福祉法人つながりと、2003年の障がい者支援施設サニースポットの開設により「新たな福祉と人権・協働のまちづくり」が形となったことが大きいといえる。

　また、2006年には富田地域に関わる様々な団体が参画した「富田まち・くらしづくりネットワーク」が結成され、コミュニティ再生へ向けた取り組みがスタートしている。

　今まさに、国が提唱している地域共生社会実現に向けた重層的支援体制構築のための「制度・分野ごとの『縦割り』や『支え手』『受け手』という関係を超えて、地域住民や地域の多様な主体が『我が事』として参画し、人と人、人と資源が世代や分野を超えて『丸ごと』つながることで、住民一人ひとりの暮らしと生きがい、地域をともに創っていく社会」のモデルが WAKWAK の富田エリア事業と重なっている。

　「ひと・くらしを中心に据えたまちづくり」と「地域課題の解決を目指すまちづくり」の相互アプローチの要となるのが WAKWAK ともいえる。

相談支援（コミュニティ・ソーシャルワーク事業）や各種の事業を子どもから高齢者までの切れ目のない支援として可能にする地域づくりへの夢は広がる。

　かつて富田地域にある被差別部落は忌避の対象でもあった。そして差別は今も存在し続けている。しかし、「差別の現実を社会的包摂で超える」ことは可能だ。SDGsの理念でもある「ひとりも取り残さない地域社会」「未来にわたり住み続けたいまち」を創っていくことが私の希望でもある。

コラム　あと、10 年かかるかな〜 !?

タウンスペース WAKWAK 副代表理事　岡井寿美代

　「おとなだっていつもそうやん !!」。目に涙をいっぱいためた小学校 3 年生の子どもが、つぶやきます。彼が友だちとの間でトラブルを起こしたので、「まずは落ち着いて座って、人をたたかない。暴力をふるわない」と注意する私の言葉に反応しての訴えでした。

　彼の「おとなだって」の当事者は、主に保護者を指していました。彼の父親は気に食わないことがあると妻であれ、子どもであれ、手を出してきたのでした。私が、富田青少年交流センターに勤務していた 1980 年代の話です。私たち職員はこの状況を分析し、1990 年代から 2010 年にかけて、子どもたちの自尊感情を高めていくため、同センターの事業として「暴力ではなく、アサーティブなコミュニケーションを」、「遊びで子どもを育てる」などをコンセプトにした取り組みや、「子どもセミナー」、「メディア・リテラシー」、「CAP」講座などのプログラムを展開しました。さらにプロの写真家による富田のまちにスポットをあてた写真でつくったスライドショーに、フローレス・デュオにオリジナル音楽（ラテン音楽）をつけてもらって生演奏会を実施し、古いまちの文化や多様性を感じてもらう取り組みもしました。

　そして、2010 年以降は、高槻駅前の青少年センター、春日青少年交流センター、富田青少年交流センターの 3 館が協働して、社会教育施設としての「青少年育成事業」に取り組んできました。高槻市は 2023 年 8 月、教育委員会所管から、市長部局の「子ども未来部」に青少年課を創設しました。また、富田地域における公立施設の老朽化に伴い、2023 年から 2025 年の 2 年間で富田ふれあい文化センター、富田青少年交流センター、富田老人福祉センター3 館の統合のための構想が策定されます。合

同館としての本来の役割を議論していくのです。

　50年先まで見通した、公の施設に必要な機能とは、何か？　コロナ禍になって、よりICT化が進み、世の中のコミュニケーションはSNSとなっている現在。お隣の韓国では、メディア情報リテラシーの取り組みは1970年代から始まっていて、2002年には韓国初の民間独立メディアセンターである「メディアクト」が設立されました。当時、現地の見学に行きましたが、ソウル市内の立派でおしゃれなビルの中に、若者が活動できる部屋と映像制作をして発信できる機材が備えつけられていました。地元にもこんな場所があれば良いのにと思いながら帰ってきましたが、今、まさにそのタイミングかなと考えています。贅沢で高額な機材がなくても、スマートフォン一台で映像制作が可能な時代になりました。むしろ、誰でもが発信できる拠点を公の施設が担う事で、対面のコミュニケーションとメディア・リテラシーを通じて、多様な人々が社会にコミットしていく時代に入ったのだと思います。それを、新しいまちづくりの特徴にしていければと、ぼちぼちと種をまき実行していきます。

部落解放運動とまちづくり

関西大学社会学部教授　内田龍史

　数多の同和地区のまちづくりに関わった内田雄造によれば、1970 年代に公害や都市問題への対応、さらには防災のまちづくり運動が展開され、「従来の日本の都市計画への批判も活発に行なわれた。まちづくりはこのプロセスで整理された概念であり、①住環境整備を重視し、②住民参加を保障し、③自治体、とくに基礎自治体によって行なわれる、④ソフトな施策と結合した、環境整備の体系を指すもの」(内田 2001) である。その意味で、同和対策の一環として実施されてきた被差別「部落の住環境整備計画・事業、地区総合計画はまちづくりの典型事例であり、先進事例であると評価されている」(内田 前掲) とあるが、2002 年に 33 年間におよぶ一連の同和対策に関する特別措置法が期限切れを迎え、そこからさらに 20年以上の年月を経て、その歴史と内実が忘却されつつあるように思われる。

　1969 年に制定された同和対策事業特別措置法のもと、地区外との格差や不平等などの「実態的差別」に苦しんできた被差別部落の多くは、同和対策の対象地域としての指定を受け、劣悪であった住環境の改善などが目指された。その達成のために、各地で部落解放運動団体と自治体による「部落解放地区総合計画」が策定され、自治体による基本構想・基本計画と整合させつつ、各地でまちづくりが展開された。特に大阪の都市部落でのそれは「仕事保障、部落産業の復興、社会福祉、住宅改良、住環境整備、解放教育 (学力の補充と差別に負けない主体形成) などからなる典型的なコミュニティ・デベロップメント」であり、その実現のための「大衆的な調査活動に基づく部落白書の作成、公営住宅を要求する住宅要求 (者) 組合の結成、様々な要求組合の結集軸となる総計策定委員会など」(内田・大谷 2003: 36-37) によって、住民主体の取り組みがなされ、一定の成果を上

げてきたのである。

　こうした部落解放運動によるまちづくりは、特措法の期限切れ以降も「人権のまちづくり」（谷元 2003）と称して各地で展開されており、住民によってまちづくり NPO が組織されるなど、被差別部落内外の地域における現代的課題を、様々な社会関係・つながりによって克服しようとする実践が営まれている。その背景には、これまでに先人たちによって担われてきた、差別撤廃を目指す各地の被差別部落におけるまちづくり運動の蓄積があったことを忘れてはならない。

文献

内田雄造 2001「まちづくり」『部落問題・人権事典』994、解放出版社。

内田雄造・大谷英二 2003「同和地区のまちづくりが示唆すること——その歴史とアメリカ・アジアのまちづくりとの比較」部落解放・人権研究所編『地域に根ざす人権条例——人をつなげるまちづくり』28-49、解放出版社。

谷元昭信 2003「『人権のまちづくり』運動の全国展開にあたって—部落解放運動における「人権のまちづくり」運動の位置に関する——考察」部落解放・人権研究所編『地域に根ざす人権条例——人をつなげるまちづくり』181-202、解放出版社。

第2章

富田地区における多セクターとの
共創による包摂型のまちづくり

社会的不利を抱える子どもたちや家庭の包括支援
「子どもの居場所づくり事業」

　本章においては、アクションリサーチとして実践について反復的、螺旋的に『計画－実行－評価』のステップを踏み、その変化の記録について自己内省的な視点から論じていく。

第1節　計画（planning）

　先に述べたように「包摂型のまちづくり」への転換は子どもの居場所づくり事業の実践がきっかけであった。

　WAKWAKでは2014年に生活困窮者自立支援制度を先取りし、生活困窮家庭など様々な課題に直面する子どもたちへの学習支援事業を始めていた。その中で、2017年より最も力を入れたのは子どもの歩みバックアップ事業であった。同年、そこで見えてきた子どもたちの課題から2つの子ども食堂を始めた。そのきっかけは学習支援事業に参加していた被虐待

児の状況であった。個人情報保護のため詳細には書けないが、虐待を受け本人の努力ではどうしようもない状況下に置かれる児童を目の当たりにする中、そのケース対応から映し出されたのは、①家以外の安心できる居場所を地域内に創出する必要性であり、②学びの支援・食の支援を通じた生活支援の必要性、③居場所を通じてケースを発見し、かつそれらを学校や行政等との連携の中で支え、解決する仕組みづくり（包括支援の仕組みづくり）であった。それらのために被差別部落が長年培ってきた社会的弱者を見捨てないというアイデンティティと、地域に根づいた文化を活かし、社会的不利を抱える様々な当事者を含め誰もが居場所に参加できる仕組みを創出することを着想した。

第2節　実行（Action）

1. 事業実践

　2017年に学習支援事業と並行して「ケア付き食堂」と「共生食堂」の2つの食堂を始めた。湯浅（2017）によると、子ども食堂の形態は「一緒に食卓を囲むことを通じてつくられる信頼関係を基礎に、家族や学校、進路についての子どもの生活課題への対応を目指す」とされるケア付き食堂と、「多くの人たちが交わる交流拠点のイメージ」としての共生食堂の2つに分類されると述べられている。WAKWAKでは、この2つの類型の子ども食堂を学習支援と並行して運営し、かつコミュニティ・ソーシャルワーク事業と連動させている。ケア付き食堂は週に1回行っていた。学習支援教室やケア付き食堂には生活保護受給世帯、家庭に様々な背景を抱える小・中学生も参加しているが、そのような困難を抱える子どもたちをクローズドな場の中で支える取り組みである。共生食堂は年に2回イベント的に行い、地域・家庭・学校・行政・大学・企業というセクターを超えた多職種40団体の協働により実施した（表2参照）。これらの実践は様々

な工夫のもとに行った。

表 2　事業概要

学習支援わんぴーす

(1) 目的　生活困窮家庭をはじめ様々な課題を持つ子どもたちの学習支援
(2) 期間　4 月〜3 月の毎週 2 回　月曜日・水曜日の午後 7 時〜9 時
(3) 場所　高槻市立富田ふれあい文化センター
(4) 対象　高槻市立第四中学校区の中学生（定員 10 名）
(5) 受講料　1 万 2,000 円／月　※生活保護受給家庭・ひとり親家庭等 6,000 円／月
　　　　　　※受講料の支払いが難しい家庭は法人自主事業費で対応
(6) 講師　8 名（教職経験者 7 名・大学生 13 名の計 20 名でローテーションシフト）
(7) 運営費　受講料・法人自主事業費・民間助成金活用

ただいま食堂（ケア付き食堂）

(1) 目的　クローズドな場でケースの発見→相談→支援が目的
(2) 期間　4 月〜3 月の毎週 1 回　水曜日の午後 5 時半〜7 時
(3) 場所　高槻市立富田ふれあい文化センター
(4) 対象　市立第四中学校区の小・中学生および卒業生の高校生も参加（16 名登録）
(5) 利用料　小・中学生 100 円／食・高校生 300 円／食・大人 500 円／食
　　　　　　※事前登録制
(6) スタッフ　8 名（民生委員・社会福祉士・保育士・大学生等で構成）
(7) 運営費　利用料・法人自主事業費・民間助成金活用

わくわく食堂（共生食堂）

(1) 目的　オープンで誰もが参加できる仕組みかつ多様なセクターを巻き込みボトム
　　　　　アップで社会変革を生み出す場
(2) 期間　年 2 回イベント型で開催
(3) 場所　市立富田ふれあい文化センター・社会福祉法人つながりサニースポット
(4) 対象　興味のある方ならだれでも参加可能　のべ 1,060 名参加
(5) 食事代　小・中学生 100 円／食・大人 300 円／食　※事前登録なし
(6) スタッフ　120 名（小・中学生・地域諸団体・大学生等）
(7) 連携団体　地域団体・学校・行政・大学・企業など 40 団体の参画
(8) 運営費　食事代・法人自主事業費・企業等からの助成金活用

⑴ 社会的不利を抱える子どもが参加できる仕組み

　その工夫の１つが社会的不利を抱える子どもが参加できる仕組みである。なぜなら、社会的不利を抱える子どもほど、このような事業へ参加を促すことが難しいことが往々にしてあるからである。2018年に農林水産省が発表した『子供食堂と地域が連携して進める食育活動事例集』によれば、活動目的として86.5%の子ども食堂が「生活困窮家庭の子どもの居場所づくり」を意識しつつも、実際には42.3%の子ども食堂が、来てほしい家庭の子どもや親に来てもらうことが難しいと感じており、子ども食堂の運営に関する主要課題の１位となっている。いわゆる「来てほしい子どもたち」が参加できるためにどのような仕組みが必要だろうか。この課題の解決のため、WAKWAKでは、①スティグマへの配慮、②専門性を伴った支援者の関わり、③伴走型支援による参加促進、④広報の工夫、⑤効果的な個人情報の共有を行っていた。これらは地域における長年の実践知を活かしながらも今の時代に合わせたノウハウである。

　①のスティグマとは「烙印」のことであり、一般的に、子ども食堂へ行くことにネガティブなレッテルを貼られることに対し配慮したということである。当実践では、２つの子ども食堂を同じ地域で開催することで、生活困窮等はじめ様々な課題に直面している子どもたちからそうでない子どもたちまで、地域に住むすべての子どもたちが参加できる仕組みとした。このことにより「子ども食堂＝貧困の子どもたちが行く場所」だというスティグマが起こらないよう配慮した。

　②専門性を伴った支援者の関わりでは、２つの類型の子ども食堂それぞれの支援者の関わり方を分けて行った。具体的には、共生食堂では多職種様々な地域団体や大学生などのボランティアが関われる仕組みとした。一方、ケア付き食堂においては、「同じ時間に同じ顔の大人が関わる」ことを大切にした。このことから、関わる支援者は社会福祉士や保育士、元学校教員、民生委員、将来福祉や教員を目指す学生など一定の専門性を持ち、かつ継続して関わるメンバーに固定した。その理由の１つは、時間をかけて子どもたちと信頼関係をつくるためである。様々な背景を持つ子ど

もほど心を開くまでには時間がかかる。その信頼関係を築くことは一朝一夕にできるものではなく、それ相当の時間が必要だからである。もう1つの理由は、この場が「ケースの発見→相談→支援につなぐ」ことを大切にしているため、関わる支援者の専門性や関わり方の姿勢が問われるためである。この場に関わる支援者の一貫した特徴として「あえて指導をしない」「頭ごなしに叱らない」「子どもがつぶやくこと、語ることを否定しない」ということを徹底していた。参加する子どもたちの中には学校や社会で生活態度や言動について注意を受けている子どもたちも存在した。学校や家庭とも違った機能をする地域にある居場所が同じことをしてしまうと、子どもたちが行き場を失ってしまう。そのため子どもたちがそのままの姿を見せても注意されず安心して過ごせることを大切にし、そこで垣間見える子どもたちの日々の微細な変化をキャッチし、課題解決につないでいた。それは柏木（2017）が子ども食堂における困難を抱える子どもの参加と促進条件として挙げている「福祉の実践知・専門知の豊かな支援者たちが、支援者間の力量形成を促しつつ子ども食堂に取り組んでいる」という指摘や、「支援者が、学校や家庭とは異なる第3の場で、子どもたちがどのような声でも出せる親密圏を創出しようとしている」という指摘と重なる。

　③伴走型支援では、地縁を持つ支援者や学校の双方からの働きかけにより「来てほしい子どもたち」を参加につないだ。WAKWAKの職員やボランティアの中には、長年地域の教育活動や福祉に携わってきた者が多い。そのことにより、子どもたちの両親のみならず親戚との関係性があり、その家庭の背景もつかんでいることが多かった。また、法人の事務所そのものが地域の多くの人たちが日々立ち寄れる場であり、よろず相談の拠点となっていることも特徴だった。その地縁と拠点の強みを活かして地域で活動をする中で、気になる子どもたちの情報を得た際に地縁のある支援者から声かけし、参加につないだ。これら地縁を持つ支援者の特徴として、これまでの経験に裏打ちされた実践知があり、長年の実践の積み重ねが支援に活きる。また、長年の学校との連携から、様々な背景を抱え、気になる子どもたちへ学校の教員が働きかけを行っていた。学校の教員は日々の子

どもたちの様子のみならず、その家庭の経済状況、家庭背景などをつかんでいることも多く、データとしても持っている。その教員が子どもたちに伴走し、ともに子ども食堂に参加することで子どもたちが安心して定着するようつないだ。この地縁のある支援者、学校との連携による双方からの働きかけにより「来てほしい子」を参加につないだ。

　④広報においても工夫した。共生食堂や学習支援のお知らせは学校の協力を得て中学校区の全児童に配布した。一方、ケア付き食堂の通知についてはあえて法人や学校関係者のみに配布した。それは、広く広報を行った際にこういう取り組みが大切だと感じる「アンテナが高い層」が参加し、それによって「情報が届きにくい層」＝「本当は支援が必要だけれど届きにくい層」が参加できなくなるためである。日本学術会議社会学委員会社会福祉学分科会の「社会的つながりが弱い人への支援のあり方について」でも、社会的つながりが弱い人のニーズ特性として、声を奪われ(VOICELESS) 支援ニーズが表明できないと述べられている。そのような層にアクセスしようとする際に、単に事業のちらしを配布するだけでは支援がつながりにくい。したがって、ケア付き食堂においては意図的に広く広報せず、先に述べた伴走型支援により、地縁のある支援者、学校の双方からの積極的な働きかけを行い参加につないだ。

　最後に、子どもの支援の際、⑤効果的な個人情報の共有を図ることで多職種の連携による包括的な総合支援につないだ。この項目に関しては次で個別に詳細を述べる。

(2) 包括的な総合支援体制づくり

　学習支援教室やケア付き食堂においてはWAKWAKのコミュニティ・ソーシャルワーク事業とも連動させ、効果的な個人情報の共有を図りながら多職種の連携により、生活保護受給世帯や、家庭に様々な背景を抱える小・中学生を支援していた。

　近年、厚生労働省により「地域共生社会」の実現が掲げられた背景の1つとして、複合的な課題を抱える人・世帯への対応に限界が生じていると

いう地域社会の課題がある。地域共生社会の実現においては「我がごと、丸ごと」が謳われ、公的支援の縦割りから丸ごと支援が求められている。しかしながら、現実には特に民間と公的機関の連携において課題が少なからずある。「社会的つながりが弱い人への支援のあり方について」では、「『我が事・丸ごと』地域共生社会実現本部は、対象者の属性ごとの縦割りの弊害を指摘し、分野を問わない包括的な相談支援体制の実施を提唱しているが、多くの法律・制度・事業は、分野ごとの縦割りのままである」と指摘されている。また、2018年の『子供食堂と地域が連携して進める食育活動事例集』によれば、子ども食堂の運営者の17.2%が「学校・教育委員会の協力が得られない」、12.8%が「行政の協力が得られない」と回答した。学校・教育委員会や行政の協力が得られないと回答した子ども食堂が数多く存在し、運営における主要課題の4位となっていた。そのような中、2018年6月に厚生労働省が都道府県、指定都市、中核市に宛てた通知では、困難を抱える子どもへの貴重な機会として子ども食堂の意義を認め、行政による積極的な協力を求めている。この取り組みはそれらの課題の解決に資するための一実践である。学習支援わんぴーすとただいま食堂では、表3で示すように、およそ2か月に1回定期的に当該小・中学校と連携会議を行っていた。そこでは子どもたちの日々の様子や学力状況、生活上の困りごとに至るまで詳細な個人情報に踏み込み共有していた。また、関わる子どもの中には、ひとり親家庭でかつ生活保護受給家庭、虐待のケースを抱えるというような複合的な課題を抱える世帯もあった。その際に、学校だけ、公的機関だけ、地域だけの点の関わりでは解決が難しい状況がある。そのため、そのような世帯の課題解決のため学校・地域・公的機関というフォーマル／インフォーマルの機関がケースカンファレンスを通して一堂に会し、世帯丸ごとの支援につながることで「包括的な相談支援体制」を構築し、それぞれの機関で分担して支援を行う重層的な支援につないでいた。そこには個人情報保護の課題があることから、WAKWAKで個人情報保護規程を定め、かつ事業参加にあたって保護者、受講者の面談を行い、個人情報の共有について説明し、保護者から個人情報共有の承諾書を得ていた。また、親子面談も行い、保護者が子育て

において困っていることや児童の状況などをヒアリングし、児童の個別の状況や背景を把握したうえで支援にあたっていた。

表3　連携会議やケースカンファレンスの関連機関との協働

	開催時期	協働団体等
連携会議	2か月に1回の定期開催	・高槻市立第四中学校・赤大路小学校・富田小学校 ・高槻市立富田青少年交流センター（青少年施設） ・一般社団法人タウンスペース WAKWAK
ケースカンファレンス	必要に応じて随時開催	・上記の組織に加え、困りごとの発生や虐待等、必要に応じて家庭を丸ごと支援するため関係機関と協働 ・高槻市地域教育青少年課（社会教育）、生活福祉支援課、高槻市社会福祉協議会、スクールソーシャルワーカー、高槻市立富田ふれあい文化センター、同富田青少年交流センター、高槻市子育て総合支援センター、大阪府吹田子ども家庭支援センターなど

(3) 地域社会全体にうねりを起こす共生食堂
――コレクティブ・インパクト（セクターを超えた多職種連携）

　一方、共生食堂として年におよそ3回イベント的に行っている子ども食堂は、地域・家庭・学校・行政・大学・企業というセクターを超えた多職種の協働により実施していた。その協働の発想の元には「コレクティブ・インパクト」という考えがある。コレクティブ・インパクトとは、立場の異なる組織（行政・企業・NPO・財団・有志団体など）が、組織の壁を超えてお互いの強みを出しあい社会的課題の解決を目指すアプローチのことをいう。2011 年、John Kania と Mark Kramaer が SSIR (Stanford Social Innovation Review) で発表した論文「Collective Impact」で定義された言葉であり、個別アプローチをするだけでは解決できなかった社会的課題を解決する新たな試みとして発表された。論文においてコレクティブ・インパクトで成果を出すためには以下の5つ要素を満たすことが重要と規定している。

1. 共通のアジェンダ：すべての参加者がビジョンを共有していること。
2. 評価システムの共有：取り組み全体と主体個々の取り組みを評価するシステムを共有していること。
3. 活動をお互いに補強しあう：各自強みを活かすことで、活動を補完しあい、連動できていること。
4. 継続的なコミュニケーション：常に継続的にコミュニケーションが行われていること。
5. 活動を支える組織：活動全体をサポートする専任のチームがあること。

　これに沿い、共生食堂では共通のアジェンダとして「ひとりぼっちのいない町づくり」（社会的包摂のまちづくり）をビジョンとしていた。そして、表4で示したような地域・家庭・学校・行政・大学・企業など分野の違う多様なセクターが各自の強みを活かした。具体的な取り組みとしては、地域ボランティアグループひまわりの調理への参画や、元保育士による親子対象の子育て講座「よちよちコーナー」の運営、企業との連携においては、高槻地区人権推進員企業連絡会の協賛、阪急阪神ホールディングスグループによる資金をはじめとした協力、大阪ガス株式会社による「火育プログラム」、音響メーカー TOA 株式会社による人形劇『カンカン塔の見張り番』などの参画、子どもの貧困の課題となっている口腔破壊の予防としてサンスター株式会社より歯ブラシの無償提供ならびに歯科衛生士の歯磨き指導を行った。協賛品として認定 NPO 法人ふーどばんく OSAKA や公益財団法人熊西地域振興財団からのお菓子の提供もあった。また、富田地区の実践では地元の小・中学校の児童・生徒が社会参画の授業の一環として事業に参画していることも大きな特徴である。富田地区にある3校（高槻市立富田小学校、赤大路小学校、第四中学校）は、2010 年度から 2013 年度の間、文部科学省の「研究開発学校[14]」と高槻市教育委員会の「小中一貫教育推進モデル校」のダブル指定を受け、「社会参画力」をキーワードにして新領域「実生活いまとみらい科」（詳しくは p.93 を参照）の研究開

発に取り組んできた。社会参画の授業では「まちの温度計をあげよう」を
キーワードにして、中学生が小学生や就学前の子どもたちのための遊び
スペースである魚釣りゲームの制作や読み聞かせの実施などの発案から
実践、舞台での司会や吹奏楽部の演奏、わくわく食堂のちらしを作成し小
学校等で児童を前に呼びかけ、当日の看板を作成するなど運営の一端を
担った。また、小学生の参画では、就学前の子どもたちが遊ぶための昔遊
びコーナーの運営や社会参画の授業「いまとみらい」の取り組みの発表な
ど、地域社会に発信する役割も担った。このようにこの取り組みでは、子
どもたちが支援される側としてではなく社会を変える主体となって社会に
発信していくことも積極的に行われていた。この取り組みは、地域のボラ
ンティア団体や学校関係者、学校の児童生徒、企業に至るまで多職種40
団体以上の連携によって実施され、立ち上げイベントの参加者はのべ670
人となり、翌年の参加はのべ1,000人を超えた。

　まちに様々な社会資源があっても、つなぎ役や活動を支える組織がな
ければ有機的につながらないことから、これらの取り組みではWAKWAK
が協働を生み出すヘッドクォーターとして携わり、地元自治会をはじめ民
生委員やボランティア団体、社会福祉協議会などの地域組織やNPO、近
隣の大学の研究者や大学生の参画、地元の企業からの協賛を得て実施し
ていた。このように40団体を超える多職種それぞれのセクターが、「ひ
とりぼっちのいない町」をゴールに据え参画することで、社会全体の子ど
もの貧困に対する理解の促進や地域社会全体の変化につなげた。これら
の取り組みはNHK全国放送『地域課題解決ドキュメントふるさとグング
ン』[15]でも2度にわたり放映され、反響を得ることになった。現在、NHK
地域づくりアーカイブス『ひとりぼっちのいない町――大阪・高槻市富田
地区』でもご覧いただけるため、ぜひ参照されたい。

表 4　共生食堂の際の協働先：WAKWAK が協働のつなぎ役として実施

セクター	協働団体等
地域	地元自治会、民生委員・児童委員、高槻市社会福祉協議会、社会福祉法人つながり、ボランティアグループひまわり、元富田保育所保育士ボランティアグループ、風の子文庫、トライアングル
NPO	認定 NPO 法人ふーどばんく OSAKA、NPO 法人つむぎの家、NPO 法人ニュースタート事務局関西、NPO 法人全国子ども食堂支援センターむすびえ、東京おもちゃ美術館
大学	大阪人間科学大学、平安女学院大学、関西大学、常磐会短期大学、桃山学院大学、大阪大学人間科学研究科、同研究科付属未来共創センター
行政	高槻市立富田ふれあい文化センター
企業	サンスター株式会社、阪急阪神ホールディングス株式会社、大阪ガス株式会社、TOA 株式会社、丸大食品株式会社、高槻地区人権推進員企業連絡会
学校	高槻市立第四中学校・赤大路小学校・富田小学校 公教育の総合学習の時間に地域の様々な人から聞き取りを行い、子どもたち自らが「まちの温度計をあげる」取り組みとして、地域に参画（社会参画）。その授業の実践発表、食堂当日の運営や司会を行う。

(4)「新型コロナ禍緊急支援プロジェクト」

　このような一連の事業を行う中、2019 年に新型コロナウイルスの感染が拡大。対面を基本とする学習支援の場や会食が基本となる子ども食堂の場は軒並み中止せざるを得ない状況となった。

　NPO 法人全国子ども食堂支援センターむすびえが 2020 年 4 月に全国調査したところ、回答した 231 か所の 9 割に当たる 208 か所が食堂を休止し、うち約半数の 107 か所はお弁当や食材の配布・宅配に切り替えたことがわかったと発表している。つまり「子ども食堂は 9 割休止し、う

ち半数は食料配布に移行」したことになる。同調査では、「子ども食堂での困りごと」の第1位として「会場が使用できない」が挙がっており、「いま、必要な支援」として「配布・開催の会場」に続き「困窮者、子育て世帯などへの支援」「心のケア、相談できる場所」が挙がっていた。新型コロナウイルスの感染拡大により、日々子どもたちが集まる居場所が失われ、それと同時に「生活困難層」も増加する中で待ったなしの支援の必要性が浮かび上がっていた。

　WAKWAKには、そのような状況下で日々子どもたち、家庭や学校、関係機関から電話や事務所への直接の相談、LINEやメールなど様々な媒体を通して数多くのSOSが入ってきていた。それを受けて、WAKWAKでは「新型コロナ禍子どもの居場所緊急支援プロジェクト」を立ち上げることとなった。

ⅰ．コロナ禍に起こる様々な課題

　WAKWAKでは、2019年度の新型コロナウイルス流行の影響を受け、下半期事業はいずれも中止せざるを得ない状況が続いていた。また、事業の受講料の減収、このような事業を支えるための収益事業の柱の1つである講師派遣・視察の受け入れ事業も軒並み中止となり、法人本体の財政面でも大きなダメージを受けた。

　事業の実施ができないことにより、①「変わらずにあり続けること」を最も大切にしている子どもたちの居場所がストップし、支援が止まってしまうこと、②法人本体への財政面でのダメージによる居場所づくりの運営の危機のダブルパンチが起こっていた。同様のことは、日本各地の数多くのNPOにも起こっていた。

　この活動では、子どもたちの課題を発見し、地域と学校が連携して解決することを日々行っているが、コロナ禍で学校は休校、子ども食堂などの居場所もストップしたことで、日々の子どもたちの様子からケースを発見することがそもそも困難に陥った。これらのことは、学校や地域の子ども食堂などの社会資源がいかに子どもたちにとってのセーフティネットの役割を果たしているのかということを改めて痛感させられる出来事でもあった。

　コロナ禍、接触が自粛される中、それまでの事業を通して「顔の見える関係性」があったことから、数多くのSOSが入ってきていた。「1日の食事を1食以下で過ごしている状況」「生活リズムが昼夜逆転となっている状況」「国による制度（定額給付金や持続化給付金等）の申請の仕方がわからずに困っている状況」「そもそもパソコンが使えないので申請ができない状況」「虐待が深刻化している状況」「家に居場所がなく家出してしまっている状況」など、社会的不利を抱える人たち（子どもたち）ほどより顕著に深刻化する状況が生まれていた。「災害時には、社会的不利を抱える人たちほどより孤立化、深刻化する」という2018年の大阪北部地震後の災害支援から学んだことと同様の状況がコロナ禍でも起こっていた。

　「Stay Home」が口々に言われ、企業ではテレワークが実施され、公的機関も軒並み閉館となった。そのような中、著者は経営者としてWAKWAKの事務所を閉めるのかどうかという選択を迫られることとなった。しかしながら、包摂の拠点である事務所を閉めることで「困っている人がさらに困ってしまうこと」がこれまでの経験から想像できたこと、そのことから「困っている人をさらに困らせるわけにはいかない」と、地域のセーフティネットの拠点として「SOSを見捨てない」という法人の姿勢を貫くために事務所を開け続けることを決め、スタッフが常駐し、その対応にあたった。

ⅱ．「食・学び・心のケア・制度への伴走型支援」を一体的に実施
　そのような状況下で緊急支援プロジェクトを構想し、従来の支援のあり方にコロナ禍における「新生活様式」を取り入れながら、試行錯誤の中でスタートした。

・食の支援：フードパントリー型富田ただいま食堂の開催
　毎週水曜日に高槻市立富田ふれあい文化センターを会場に行っていた「ただいま食堂」。会場が閉館となったため地元のカフェ「Msカフェ」によるお弁当と、同じく地元のパン屋「花パン」による食パンをお弁当配付型で実施。ここでは、「週に1度ご飯をつくらずゆっくりと過ごす時間を

提供できれば」という思いと、「1日1食の状況の子どもたちが次の日の朝食や昼食に食べられるように」という思いを込めた。お弁当に加えて、フードバンクや地元企業、個人から提供された食材も併せて配布した。

・学びの支援：オンライン学習支援わんぴーすの開催

同じく毎週月曜日と水曜日に行ってきた学習支援については、元学校教員や大学生を講師にオンライン（ZOOM）授業を実施。コロナ禍の家庭教育力の差が学力の著しい格差につながらないよう、オンラインでの対面により勉強のつまずきを確認しながら個別マンツーマン体制で支援した。また、併せて事務所を媒介に日々の学びの積み重ねをするために週3回で学習プリントの添削を実施した。

・制度への伴走支援・心のケア

地域の団体と協働し、特別定額給付金等制度の申請手続きが困難である要援護家庭への伴走型支援をするため200世帯にルビ付きのちらしとマスクを配布し、手続きの支援を行った。これは、「制度が最も必要な人に最も届かない状況が生まれる可能性がある」というこれまでの経験をふまえながら実施した。

・緊急時生活支援

こちらは当初の予定にはなかったものの、近隣の高校やふーどばんくOSAKA等から緊急性の高いケースが入ってきており、その声に応える形で緊急時生活支援として随時、お弁当や食品の提供を行った。

これらの事業は当初2020年5月から6月末までを予定していた。しかし実践を行う中で、「今日をしのぐための食事がない」という切実な声や新型コロナウイルスの収束が見通せない状況が続き、2020年度および2021年度内も継続実施した。

この取り組みは内閣府が発行している『子供・若者白書』に掲載され、さらに政府広報「子どもたちの未来のために――地域に根ざす支援の現

場」として放映された。

2. 実践を通した社会変革のプロセス

　WAKWAK は解放運動を源流とする団体であることから、社会的企業と
して実践を行いながらも並行して「社会運動」を行ってきた。つまり、子
どもの居場所づくり事業の実践と並行して「社会運動」としての働きか
けをしてきたのである。そのプロセスを整理していくにあたり、先述し
た「Community Organization（コミュニティ・オーガナイゼーション：以下、
CO）」の枠組みを用いる。CO には様々な流派があるとされているが、そ
の社会変革の方法論の 1 つとしてアメリカのマーシャル・ガンツ博士に
よって考え出されたパブリック・ナラティブに焦点を当てた技法がある。
ガンツ博士とは、ハーバード・ケネディスクール公共政策の上級講師およ
びリベラル・アーツ学部社会学講師であり、米国で、声なき人々の声を草
の根レベルで政策反映させる組織モデルを創始・提唱した第一人者であ
る。また、2008 年の米国大統領選挙でバラク・オバマ大統領の選挙参謀
として、パブリック・ナラティブとコミュニティ・オーガナイジングの手
法を用い、初の黒人大統領を勝利に導いたことで有名である。『コミュニ
ティ・オーガナイジングとは？』（マーシャル 2017）によれば、CO は「普
通の人々が力を合わせ社会変化を生み出すこと」であると紹介されてい
る。また、「民主主義を重んじるアメリカでも実は政治の世界を見ると白
人のエリート中心であり、黒人などの有色人種、女性、労働者といったマ
イノリティの声は届いておらず、それを打破するために考え出されたも
の」とも紹介されている。アメリカ・モンゴメリーのバスボイコット運動
から始まり、「I have a dream」の演説で有名なキング牧師による黒人公
民権運動の流れや、最近では、アメリカ初の黒人大統領オバマ大統領の選
挙においても、コミュニティ・オーガナイジングは取り入れられたといわ
れており、その起源はインド独立の父といわれるマハトマ・ガンジーによ
る独立運動だといわれている。このような歴史的な偉業だけではなく、例

えば日本において、コミュニティ・ソーシャルワーカーの働きかけで地域
の高齢化問題などに「住民自ら」が取り組み、高齢者配食サービス、孤独
死防止の見守り運動などが行われる事例も、コミュニティ・オーガナイジ
ングとされている。これらの実践に必要な要素は以下の5つに整理される。

(1)ストーリーテリング（パブリック・ナラティブ）
(2)関係構築
(3)組織構築
(4)戦略立案
(5)アクション

　以下、実践に必要な5つの要素の段階を、時系列は前後するものの、
それぞれの要素に触れながら整理する。また、それによって生み出された
実際の事業、とりわけ共生食堂「富田わくわく食堂」の取り組みについて
述べる。

(1) ストーリーテリング（パブリック・ナラティブ）

　前掲書は、「ストーリーテリング」の段階を以下のように紹介している。

　　活動の基礎は同志を集めることです。しかし同志の多くは今まで主体
　的に行動していない人かもしれません。人は心（感情）と頭（戦略）が
　揃ってはじめて主体的に行動すると言われています。心に働きかけ
　るのが『①ストーリーテリング』(物語) です。行動を起こす価値観を
　一般論として伝えるのではなく、物語として伝え感情に働きかける
　ことで現状 に『怒り』を感じ、『変えられる』という希望を持つこと
　で人々は行動します。自身のストーリーを語って、聞き手の共感を呼
　び（ストーリー・オブ・セルフ）、聞き手 と自分自身が共有する価値観や
　経験を、私たちのストーリーとして語ることで一体感を作り出す（ス
　トーリー・オブ・アス）。そして、『今しなければ社会は変わらない、い

つするのか』とアクションを促し共に行動する仲間を増やしていく（ストーリー・オブ・ナウ）。この『ストーリー・オブ・セルフ、アス、ナウ』を『パブリック・ナラティブ』といいます。

　先に紹介したように、学習支援事業に参加した被虐待児のケースから「子どもの居場所づくり事業」が生まれることとなった。ある日の面談で、その児童は虐待下の状況で当人の努力ではどうにもならない厳しい現実に向きあい涙を流していた。「今、目の前にいる彼女にとって家に居場所がないのだとすれば、それに代わる居場所を地域につくりたい」。社会福祉士としてケースに直面した職員のそんな願い（ストーリー・オブ・セルフ）によって事業が生まれることとなった。そのケースの状況をふまえ、新たな居場所として 2 つの食堂（共生型・ケア付き）と、学びと食の支援を行う中で「ケースの発見」から相談・支援につなぐ仕組みとして「コミュニティ・ソーシャルワーク事業」を構想した。この事業は、公益財団法人熊西振興財団の助成金が採択されたことによって一気に実現化に向かっていった。構想を現実化していくためのストーリー・オブ・アスの段階では、法人に携わる地域諸団体が集まる拡大運営スタッフの会議において、守秘義務に留意しながらケースの状況と、今まさに目の前で困難に直面している児童の居場所をつくる必要性（ストーリー・オブ・ナウ）、そのための具体的な構想を関係者間で共有した（パブリック・ナラティブ）。また、関係者間でストーリーを共有する段階も、まずは地域諸団体それぞれの要となるメンバーに 1 対 1 で個別の共有から始め、法人事務局での会議、地域諸団体が集まる拡大運営スタッフ会議、地域内外に広く呼びかける子どもの居場所立ち上げ講演会へと、徐々に共有する規模や人数を広げていった。

⑵ 関係構築

　次に「関係構築」の段階について述べる。前掲書による「関係構築」では、「同志とさらに強くつながっていくためには『②関係構築』が鍵となります。金銭的対価で人にしてもらうのではなく、価値観を共有し、お互

いの関心と資源を交換して成長しながら活動を進めていく関係を築きます」と紹介されている。

　この段階では、前述した拡大運営スタッフ会議を開く前段階において、職員が地域の諸団体をはじめ、大学に至るまで 30 団体に個別にアポイントを取って事業説明と協力依頼に回った。中には、いぶかしげな顔をされ足蹴にされたものもあれば、「自分はこんな話は聞いていなかった」と事業に対して異を唱える人もいた。一方で事業や思いへの賛同者や思わぬ協働が生まれたこともある。例えば、あるアメニティ製品の株式会社において人権啓発部署におられた M 氏を訪問した際、「子どもの貧困」の状況と、相対的貧困で育つ子どもほど口腔破壊が起こっているということを明らかにした多数の研究結果をお伝えし、当事業へのご協力をお願いした。すると、企業による歯ブラシの提供のみならず、「こんな大切な取り組みは高槻全体で取り組むべきだ」との声をいただき、高槻市において企業が加盟している団体「高槻地区人権推進員企業連絡会」からの協賛の流れがつくられた。事業が多セクターとの協働によって大きな変化につながるためには、その水面下でいかに関係者一人ひとりのもとに足を運んだのか、そのフットワークの蓄積がその後の動きを決定づける。

(3) 組織構築

　次に「組織構築」について述べる。前掲書によれば、「活動を効果的にしていくためには『③組織構築』が必須です。共有する目的を持ち、相互に依存しあう役割を持ち、メンバーで決めたルールに従って組織を運営することが大事です。1 人がすべて背負う組織ではなく、雪の結晶のように外に向かって広く分散したリーダーシップを作っていきます。そして、継続的なコーチングを通じてメンバーの能力を伸ばすサポートをします」と紹介されている。

　この段階では、前述の拡大運営スタッフ会議後、コアスタッフを組織した。コアスタッフとして、法人内組織のおはなカフェのメンバーで、長年地域活動に取り組んできた高齢者配食のボランティアや、子ども文庫の主

宰者、ベテラン保育士、民生児童委員などに協力を願った。それらのコアスタッフを中心に、会議において事業の枠組みや内容を決め、さらに大学生ボランティアや地域の諸団体のスタッフへと広げることで組織の構築を行っていった。結果、富田わくわく食堂は、地域住民から大学生、社会参画の授業で関わる小・中学生の児童・生徒を合わせ 120 名以上のボランティア体制で行うこととなった。

(4) 戦略立案

　次に「戦略立案」について述べる。前掲書によれば、「自分達の求める変化を起こすには、関係者を分析し、自分たちの持つ資源（時間やお金、ボランティアが持つスキルやつながり）をどう使って問題解決を図るか『④戦略』が鍵となります。草の根の活動は往々にしてお金はないかもしれないけれど、人が資源となります」と紹介されている。

　「戦略立案」の段階では、まず企画書の作成段階において、自分たちの持つ資源として隣保館（当該地区においては現・高槻市立富田ふれあい文化センター）や青少年会館（同じく現・高槻市立富田青少年交流センター）における、長年にわたる部落解放子ども会活動の学習支援や料理教室などの取り組みと、それを支えてきた人のネットワーク資源が大きな財産となった。言い換えれば被差別部落における社会的弱者を支える実践と、そこから生み出されたネットワークである。これらの実践経験をもとに「子ども食堂」の構想化を行った。そこでは「共生食堂」として地域の誰もが参加できる仕組みと、「ケア付き食堂」によって様々な課題を抱える子どもたちを支える仕組みの両方を同じ地域で行うことを立案した。そのことを通して、被差別部落の実践において大切にしてきた社会的不利を抱える子どもたちも含めた、すべての子どもたちが参加できる仕組みの構築を目指した。そこに携わるボランティアも元保育士や民生児童委員、元給食調理員、社会福祉士をはじめ、長年地域の中で活動してきた住民の協力を得ることで、ボランティアと参加する子どもたちの間で目に見える関係性を創ることに重きを置いた。また、学校、保育所、幼稚園等にも協力を依頼し、学校教職

員や保育士にも積極的に関わってもらうことで、連携の中で子どもたちを支える仕組みとした。

(5) アクション

　最後に「アクション」について述べる。前掲書によれば、「『戦略』を行動に移すコミットメントを作る『⑤アクション』は実際に変化を起こすうえで核心の部分といえます。たくさんの人に集会、デモ、署名、イベントなどに参加してもらうことで大きなパワーを作ることを目指します。この時、目的達成のために必要な数値目標（何人集める等）を立てることが大事です」と紹介されている。

　この段階では、まず、地域全体で子どもの居場所の必要性に対する機運をつくり出すために、関係者、NPO、行政関係、学校関係、大学関係者等が一堂に会する場として『ただいま〜と言える子どもの居場所づくり立ち上げ講演会』を行った。講演会では、桃山学院大学准教授の金澤ますみ氏および子どもソーシャルワークセンター代表の幸重忠孝氏を講師に招き、子どもの貧困についての講演と、富田版の子どもの居場所づくりの構想を共有した。そこには当初の予想を上回る 156 人の参加があり、子どもの貧困に対する世の中の関心の高さが伺えた。立ち上げ講演会に続き、オープニングイベントとして共生型食堂の「富田わくわく食堂」を開催した。この取り組みは、地域のボランティア団体や学校関係者、学校の児童生徒、企業に至るまで多職種 20 団体以上の連携によって実施され、当初の予想のべ 200 人を超えるのべ 670 人もの参加があった。これらの取り組みは先に紹介した NHK 全国放送などのメディアにも取り上げられ社会的な反響を生み出した。その後、富田わくわく食堂は多職種 40 団体以上の連携によって実施され、翌年の参加はのべ 1,000 人を超えた。また、これら一連の働きかけや社会的な反響の成果、他機関の尽力により、2018年には高槻市において子ども食堂に対する補助金制度が開設されることとなった。

第3節　この章のまとめ

1．事業の評価および本章で明らかになったこと

　本章では、富田地区における多セクターとの共創による包摂型のまちづくりとして、具体的に子どもの居場所づくり事業の実践を取り上げ、その実践と社会変革を生み出すための社会運動の働きかけについて述べてきた。小括として、「計画」「実行」に対する評価として、この取り組みから明らかになった「成果」および「今後の解決すべき課題」を掘り下げたい。また、そのうえで、次の実行へ向けた現状の把握と分析を行いたい。

　まず、この取り組みから明らかになった「成果」は第1に、被虐待児のケース対応を通じた必要性から、個別のケース対応のみならず児童を包括的に支援するための仕組みを新たに事業領域として生み出し、かつその事業を通して他機関との連携を生み出した点がある。これらは社会資源の開発のプロセスそのものであり、支援の際に既存の社会資源がなければ新たに生み出せるという可能性とそれによる支援の向上が示唆された。

　第2に、学校等の公的機関とNPO等の民間の連携により支援が届きにくい要支援家庭へとアクセスしたことである。先に農林水産省の子ども食堂運営者の困りごとを挙げたように、生活困窮をはじめとする要支援家庭へアクセスすることは難しい。その点を団体間の連携により改善し、支援を届けていることである。

　第3に、学びや食の支援を通じて見えてくる社会的不利を抱える子どものケースをつかみ、WAKWAKがヘッドクォーターとなりNPO等の民間組織や地縁組織、公的機関、教育機関などフォーマルとインフォーマルな組織が包括的相談支援体制を構築しながら、子どもやその家庭が抱える複合的な課題の解決にあたっていた点である。これらは厚生労働省により「地域共生社会」の実現が掲げられた背景の1つとして挙げている複合的な課題を抱える人・世帯への対応に限界が生じているという近年の地域社

会の課題解決のための一助となり得る。

　第4に、多セクターの共創によって課題解決に向けての働きかけをしている点である。ここで起こったムーブメントともいえるものは、当然ながら1セクターのみで生み出すことは難しい。しかしながら、多セクターそれぞれの強みを活かしあい、弱みを補完することを通して課題解決を図った。

　第5に、共生食堂の取り組みでは、WAKWAK が多様な社会資源（多セクター40団体）を巻き込みながら社会的課題の解決を促すコレクティブ・インパクトの発信元となり、子どもの貧困について多くの住民の理解を促進し、高槻市の子ども食堂に対する補助金交付にも影響力を持ったことである。本事例のように社会資源が有機的につながり社会変革が起こるには、地域全体のヘッドクォーターとなる専門性のある中間支援組織や「つなぎ手」の存在が不可欠である。

　第6に、コロナ禍の取り組みでは、社会的企業の即応性や柔軟性を活かし、支援方法を状況に応じて変えながら支援を行ったことである。ここでは、従来の対面を中心とした食や学びの支援からオンラインを通じた学習への対応転換、食材やお弁当配布形式への変更などを即応的かつ柔軟的に対応しているが、これらは民間ならではの動きである。

　次に「今後の解決すべき課題」について以下に挙げたい。

　第1に「要支援者全体から見た包摂数の少なさ」がある。当事業における「学習支援」（対象は中学生、定員10人）や「ケア付き食堂」（対象は小・中学生、登録16人）は、とりわけ様々な不利を抱える子どもをターゲットに支援を行ってきた。2022年度5月時点で高槻市が公表している資料によれば、第四中学校の生徒数は383人、小学校の生徒数は富田小学校185人、赤大路小学校520人である。要支援者の数は公表されていないが、本事業が実際にアクセスしている生徒以上に要支援者が存在することは明白である。

　第2に「費用が発生することによる参加のハードル」がある。学習支援の運営においては当初、月謝6,000円からスタートし、2017年より月謝1万2,000円（生活保護家庭、就学援助対象家庭等は6,000円）に設定した。こ

れは、①公的支援を受けずに事業運営をする際には経営上、収益を得ることが必要な点、②これまでの運動の総括から「なんでも支部（WAKWAK）に任せればやってもらえる」という依存体質を改善する目的の2点から設定した。しかし地域における「しんどい層」ほど、親の子どもに対する学力期待の低さと教育的な投資の低さが以前から課題となっていた。そこへコロナ禍による家計へのダメージはより一層教育投資を低くした。つまり、費用が発生することに対する参加のハードルが結果として高くなったのである。

　第3に「ベテランスタッフの高齢化」の課題がある。学習支援事業は、立ち上げ当初より、団塊の世代である学校の元教員や校長経験者などといったベテラン教員と学生のボランティアにより運営を行ってきた。とりわけベテラン教員はいずれも同和教育の実践を経てきており、中には児童の保護者が中学生だったころに現役教員だったメンバーもいた。つまり、WAKWAKの活動の背景にある部落問題や地域の歴史についても理解があり、実践でも生徒の背景にある家庭の状況やしんどさに対して寄り添える経験と実践知、実際の家庭とのつながりを持っているのである。そういったメンバーに支えられ事業を行ってきたことで、メンバーの高齢化はおのずと事業の運営上の大きな課題となった。

　第4に「連携文化の継承の難しさ」がある。学習支援やケア付き食堂においては地域と学校が有機的に連携することで社会的不利を抱える子どもたちを事業につなぎ、かつ包括的に支援を行っていることを先に述べた。それらは制度化されたものではなく、地域に根づいてきた文化や各組織（とりわけ学校）を構成する教員（人）によって可能となっていた。しかしながら、近年、同和教育経験教員の退職の流れや度重なる管理職の変更、教員の大幅な入れ替わりにより、文化の継承が困難となっている。これらの状況に対し、学校の教員研修に招かれての研修や地域側の動きとしての富田物語（富田の歴史を系統的に学ぶ講座）の開催などを通じ文化の継承を仕掛けてきた。しかし、コロナ禍でそういった研修がいずれも中止や延期になったことで継承の難しさに拍車がかかっているのが現実である。

　こうしたことから富田地区における「子どもの居場所づくり」事業につ

いては今一度、事業の目的、対象者、運営体制、連携のあり方を含め再構築する時期にきている。

2. 次の「実行」へ向けた現状の把握と分析

　次に「次の実行」へ向けた現状の把握と分析を提示したい。

　これまで WAKWAK は富田地区を基盤とした中学校区を主な対象圏域として、前述した子どもの居場所づくりと包括的な相談支援体制を築いてきた。それらの実践をはじめ、多方面関係者の尽力により高槻市においても子ども食堂に対する補助金が施策化された。しかし、一方で高槻市内を見渡した際、子ども食堂を実施している団体は当法人を含め5か所（WAKWAK・平安女学院大学 2019）しかなく、かつ補助金は10団体分の予算措置にもかかわらず2020年度は1団体のみ（WAKWAKのみ）が受託という状況となっていた（2021年度は3団体）。この状況から見える課題として、①制度設計と現場の状況の乖離、②子どもたちの生活圏域に第三の居場所が少ない可能性、③第三の居場所間でノウハウを伝えあい、情報を共有し、支えあうプラットフォームがない、そのためそれぞれの団体が孤軍奮闘しているということが想定された。

　この状況に加え、コロナ禍で富田地区を拠点に食・学び・制度の伴走支援を緊急支援プロジェクトとして行う中で、1日1食以下の食事、虐待の深刻化、家庭での孤立化、学力の著しい低下など、とりわけ社会的不利を抱える子どもが日常における困難をさらに増幅していることが見えており、実際に多くの SOS が WAKWAK 事務所に日々届いていた。これらの状況に対し高槻市域全域でも食料支援や学習支援、制度への伴走支援などの必要性が喫緊の問題となっていた。これらの課題解決を図るためには社会的企業の最大の強みである即応性と柔軟性、機動力をもとに実践先行型の支援の必要性が増していた。また、コロナ禍において、社会的不利を抱える層により一層の不利がかかる中、自助、共助という動きとともに公助をいかに引き出し、かつ官民連携を生み出すのかということは非常に重要

な課題となっていた。

　研究領域においても富田地区における実践が他地域においても「汎用性」を持つのかということの検証が求められていた。

3．次の実践へ向けた組織変革

　先述したように支援の必要性が市内全域に広がっていた。とりわけ社会的不利を抱える家庭により一層の課題が深刻化している中、富田地区が培ってきた包括支援の仕組みを広げる必然性が生まれていた。そこで、法人としてこれまでの「中学校区を対象範囲に支援のひな型を創る」というコンセプトも組織体制もすべて組み換え、市域全域に支援を広げることに舵を切った。その決断は WAKWAK にとっても地域にとっても非常に大きな決断となるため、そこへと踏み出すための、①ビジョンの提示と共感を生み出す働きかけを行った。そして、事業に着手するにあたり「包摂型のまちづくり」を行うという根幹は残しながらも、②支援対象範囲の拡大、③市域全域でのネットワークの構築、④組織の方向性の転換を行い、かつより大きなインパクトを起こすため予算規模も事務局の雇用も同時に拡大した。

⑴ マイノリティ発の実践を日本全国のフロントランナーにするというビジョン

　これまで長い年月をかけて富田地区の実践にこだわってきた WAKWAK にとって、「中学校区を対象範囲に支援のひな型を創る」というコンセプトを組み換えてまでも市域全域に支援を広げることは、組織にとっても地域にとっても非常に大きな決断となった。それは法人のスタッフのみならず法人を取り巻く地域内外のステークホルダー全体に影響するものであった。「わざわざそこまで広げる必要性はない」という考えや意見が起こることも、ハレーションが起こることも十分想定された。それでも変革を起

こそうとする際にはそのための力強いビジョンと、ビジョンに対するステークホルダーからの共感が必要となる。

そこで著者が事務局長として掲げたのが「マイノリティ発の実践を日本全国の支援のフロントランナーにする」というビジョンだった。その理由には、筆者自身の「被差別部落が培ってきた教育やまちづくりの実践は、なんら過小評価することなく現在の子どもの貧困をはじめとする社会課題の解決に活かせる」という確信があった。その思いの背景には、同和教育や包摂のまちづくりという長年の地道な実践が非常に価値あるものにもかかわらず、それを行ってきた当事者自身がそれを過小評価している現実を目の当たりにしてきたことがあった。それに対し当事者自らが行ってきた実践にもっと誇りを持ってほしいという思い（エンパワメントを促したいという志）と、その確信を実際の実践として市域に広げ汎用させることで証明し、かつ全国に普及するという志があった。そのビジョンを WAKWAK の事務局はもとより運営スタッフ会議や理事会等で共有し、共感を求めた。実践が行われていない当初の時点において、そのビジョンがなかなか伝わらないこともあった。しかし富田地区の実践が 2 度にわたって NHK で全国放送されたり、内閣府発行『子供・若者白書』等へ掲載されたりして、全国から実際に評価を得たことも、そのビジョンの実現性に真実味を持たせることを後押しした。

(2) 支援対象範囲の拡大

それまで WAKWAK では、地元の中学校区（高槻市立第四中学校区）を支援対象範囲として支援のひな型を創り出し、その実践を通じて得られたノウハウや知見を全国に発信することを目指し活動してきた。しかしながら、コロナ禍で社会的不利を抱える層にさらなる不利が顕在化する状況が広がる中、市域の他地区や全国でも同様のことが起こっているのを目の当たりにし、その対象範囲を人口約 35 万人（2021 年 12 月末時点 349,941 人）の高槻市域に広げた。

⑶ 市域全域でのネットワークの構築

　コロナ禍で支援の必要性が拡大するのを目の当たりにしながらも、法人単体で支援できることには限界があった。課題解決のためには多様なアクターといかにネットワークを構築しながら支援の裾野を広げられるのかが重要なファクターとなっていた。法人単体ではできることが限られたとしても、多様なアクターの力を借りることができれば支援を広げることができる。その確信のもと市域全域でのネットワークを構築することを決断した。このような動きはヘザーが述べる以下のような考えと重なる。

　　インパクトの高い NPO は自分たちの組織の外部における組織や個人と協働することで、あるいはそうした組織や個人を通して、単独では到底なし得ないようなインパクトを実現する。つまり、新たな社会的なムーブメントや事業領域を生み出し、自分たちを取り巻く世界を変えていくのである。(ヘザー 2021: 91)

　こうして、WAKWAK がヘッドクォーターの役割を担い、多様なセクターとの共創を生み出すという、てこの力を利用しながら社会変化を前進させる方法として市域でのネットワークの構築を生み出すことを決めた。

⑷ 組織の方向性の転換

　また、ネットワークを構築する際に特定のイデオロギーを重視すると協働する団体の幅が狭まってしまうため、多様なアクターと共創し社会変化を前進させるために「包摂のまちづくり」という根幹を芯として持ちながらも、一方で徹底的なプラグマティズム（理念や思想よりも行動による結果を重視する思想）を重視することに転換した。
　コロナ禍で社会的不利を抱える層にさらなる不利が顕在化する中、小規模かつ単分野のネットワークでは支援に限界があった。支援の裾野を広げ、多分野かつ包括的な連携によるネットワークを広げることが必要であ

り、そのために組織の方向性の転換を図った。

　WAKWAKでは、これら一連の組織の変革を行いながら市域全域を対象とした事業に着手することとなった。

コラム 「ただいま食堂」を訪問して

　在職中のこと、立ち上がったばかりの「ただいま食堂（ケア付き食堂）」を覗いてみた。道路を挟んで学校のすぐ向かい側。かつての解放会館「富田ふれあい文化センター」の３階の調理室で、お馴染みの地域の方々が手際よく食事を調理している。この日の献立は、大きな春巻きに酢豚、大学イモ、わかめの澄まし汁にごはん、量もたっぷり。卒業したばかりのAが廊下で浮かない顔で座り込んでいる。声をかけるがうわの空。最近、学校や家のことで悩むことが重なり、今日は地域のNさんと食事しながら相談することになっているらしい。

　向かいの和室を覗くと、ちょうど子どもたちがボランティアと一緒に食事を始めたところ。子ども食堂の仕掛人の岡本さん、絵本の読み聞かせでお世話になっているSさん、このあと午後７時から始まる学習支援「わんぴーす」でボランティアをされているMさんやTさんの顔も見える。どちらも中学校で長く教職にあった方。いつもはここに大学生のボランティアが数名参加する。

　子どもたちといえば、やんちゃなBやCがおいしそうに春巻きをほおばっている。おや、Dは姉妹で参加か。高校生になったEがぐっと大人っぽくなったのを見てびっくり。食事を終えた子どもたちとトランプをしていたら、最近、学校を欠席しがちなFが恥ずかしそうにやってきた。大人たちにたくさん声をかけてもらいながら、終始おだやかな表情でいる。

　大人と子どもが「指導、被指導」の関係で対峙するのではなく「ナナメの関係」で関わりあうことの大切さを改めて実感。参加していた教員も学校の先生というより、地域のお兄ちゃんというノリ。そしてなにより、学校で見せる顔とはどこか違う「地域での表情」を見せていた子どもたち…。

「みんなで鍋をつつくって本当にあるんだね」とつぶやいた高校生がいたという。テレビの中だけに起こるフィクションだと思っていたのだと。よそ事ではない、私たちの校区の「つぶやき」でもあるだろう。

　人生の早い時期から、私たち教員には想像すら難しい厳しい生活を強いられてきた子どもたちがいる。学校は彼ら・彼女たちとの「悪戦苦闘」の毎日だ。だが、その「姿」から私たちに見えてくること、学ぶことがたくさんある。それらが私たちの教育観や人間観、ひいては人生観をも大きく揺さぶりかける。そこからが本当の「富田との出会い」だと思っている。

　教員の働き方改革が叫ばれて久しい。労働条件の改善は待ったなしで必要だ。だが、同和教育が大切にしてきた家庭や地域に足を運ぶこと、そして一緒に教育内容を創造していくことは、やはり、学校づくりの大切な柱であり続けてほしい。

　子ども食堂は学校では決して見ることのできない子どもたちの姿と出会える確かな地域資源の1つである。「たかが1ミリ、されど1ミリ」。「1ミリ」を動かす地域の実践を心から応援していきたい。

コラム　学びの環境としての教育コミュニティ
　　　―― 社会の一員として学び育つ「いまとみらい」

関西大学教授　若槻健

　高槻第四中学校区では、教育目標に社会参画力を掲げ、総合的な学習の
時間「いまとみらい」を中心に、学校や地域の課題を発見し解決する学習
活動に長く取り組んでいます。「いまとみらい」では、主体的に学ぶため
に「聴く」ことが大事にされています。子どもたちはゼロから学びたいこ
とやりたいことを見つけるわけではなく、地域の方々やクラスの仲間の
生活の中にある生き方や思い、活動を聴き取ります。「いまとみらい」で
は、それをS（Standing）と位置づけ大切にしています。Sの段階を経るこ
とによって、学習が「自分ごと」、取り組むべき課題となるからです。富
田地区の第四中学校区には、ひとりぼっちのいない町というコンセプトの
中、助け・助けられる多様なつながりがたくさんあります。互いのニーズ
を聞きあう大人たちがたくさんいます。子どもたちはそうしたつながりの
中にある人々の声を聴き、課題を発見し、解決を目指していきます。
　Sは、子どもたち自身が立てるものですが、そこには大人（教師や地域の
人々）の願いも込められています。どんなまちにしたいのか考えるとき、
競争して勝った人がすべてを決めるような新自由主義的な社会を想定す
ることもできますが、ゆめみらい学園の富田地区で大切にされるのは、人
権が大切にされたまちづくりです。すなわち、様々な人権課題を克服でき
ていない社会のあり方を問い直し、多様な境遇の人がその人らしく生きて
いくことを追求できる社会を考え、行動することです。そのために、マイ
ノリティとされる多様な立場の人（障害者、女性、性的マイノリティ、被差別部
落出身者、外国人、高齢者など）の「思い」を聞き取り、「思い」を重ね、「思
い」に応答していく学習過程が取られます。子どもたちは、自分とは異な

る境遇にある人々の「思い」を学び、多様性を尊重した社会のあり方を考え、地域社会の一員として行動していくのです。

　また、社会参画力は、育まれるものであるとともに、環境に応じて発揮されたりされなかったりするものでもあります。したがって、社会参画力を育てるという視点と同時に、発揮できる学習環境を整えるという視点が大切になります。力を発揮しやすい環境で、課題を解決し達成感や自信を深めた子どもたちは、それほど環境が整っていない場面でも力を発揮することが期待できるでしょう。

　そういう環境として学校を超えた教育コミュニティの果たす役割は大きいといえます。教育コミュニティは時に大人だけの活動になってしまうこともありますが、富田地区では子どもたちが多様な人に出会い、力を発揮する場としてあります。これからも子どもたちが守られる存在としてあるだけでなく、力を発揮する若い市民として学び育つ環境を教育コミュニティには期待したいと思います。

コラム 教育と福祉の連携

大阪大学大学院教授　髙田一宏

　子どもの虐待や貧困などの福祉的課題が社会的関心を集めるようになって30年近くが経つ。児童虐待防止法ができたのが2000年、生活困窮者自立支援法、障害者差別解消法、子どもの貧困対策推進法ができたのが2013年である。そして、2023年はこども基本法が施行された。この間、学校教育法の施行規則が変わって、スクールカウンセラーやスクールソーシャルワーカーなどの心理職・福祉職の学校組織における位置づけが明確にされた。また、子どもの居場所づくり、「子ども食堂」や「地域食堂」、困難を抱えた子どもの学習支援など、地域を基盤にして教育と福祉を結びつける試みも増えている。

　法整備と取り組みの進展に伴い、改めて福祉と教育の関係を考える必要も出てきた。「福祉」や「教育」とは何かを考えだすとキリがなくなるが、前者は幸せな暮らしを目指す取り組み、後者は子ども一人ひとりの成長と発達を促す取り組みとしておこう。

　では、この2つはどのような関係にあるのか。

　まず、福祉は教育の前提という考え方がある。古くからある制度には生活保護の教育扶助や就学援助などがある。学校ソーシャルワークにもこの考え方に基づく活動が含まれている。こうした制度や取り組みは、教育関係者に、教育の背景にある生活に目を向けさせるきっかけになる。けれど、教育の「限界」が強調されすぎると、教育無力論に傾くおそれもある。教育は微力だが、決して無力ではない。

　これとは対照的に、教育を通じて福祉を実現しようという考え方もある。学校での「学力保障」は子どもの貧困対策の大きな柱である。地域における学習支援の目的も学力を身につけることにある。ただし、これらの

取り組みには心配もある。子どもが学力を身につければ、世代を超えた貧困の連鎖は断てるかもしれない。しかし、貧困を生み出し続ける社会のあり方がそれで変わるわけではない。わかりやすい成果（学力向上！）だけに目がいくと、学習意欲や伸びる見込みをみせない子は支援対象から外される心配もある。

　さらに、教育によって福祉の理解を深めるという考え方もある。子ども、高齢者、障害者、生活困窮・貧困者など権利を侵されがちな人々の暮らしや考えについて学ぶことはよくある。福祉教育あるいは福祉を学習課題とした人権教育である。けれど、こういう学習では、やり方を間違えると「上から目線」の同情が広まったり、マジョリティの思いこむ理想像を社会的弱者に押しつけてしまったりすることがある。

　憲法は、第25条で生存権、第26条で教育を受ける権利について定めている。憲法の中で教育と福祉はお隣さん同士である。けれど、両者は互いのことをわかりあったうえで協力しているとはいえまい。「近くて遠い」関係である。

第3章

高槻市域全域を対象とした
ネットワークの創出

市域広域包摂的なみまもり・つながり事業「フェーズ1」

　本章においては、第2章「子どもの居場所づくり事業」の計画、実行、評価およびそこから見出された成果と課題をもとに立ち上げた「市域広域包摂的なみまもり・つながり事業」の「フェーズ1」について論じていく。

第1節　計画（planning）

1. 計画

　WAKWAK はコロナ禍で新たに市域広域包摂的なみまもり・つながり事業（以下、市域広域事業）を立ち上げ、2事業を行うことになった。1つは「居場所の包括連携によるモデル地域づくり（全国）事業」（認定 NPO 法人全国子ども食堂支援センターむすびえ休眠預金事業）、もう1つは「高槻市子ども

みまもり・つながり訪問事業」（以下、みまもり事業）である。当実践ではこの２事業を連動させる形で支援の仕組みを構築し、かつ社会運動を通じた官民連携を生み出すための働きかけを行った。

2．社会的インパクト評価の導入

　まず、WAKWAK は事業資金として、休眠預金というステークホルダーに対して事業の説明責任を問われる性格の資金を扱うため、計画時の事前評価および事業の進捗時の評価を行うための「社会的インパクト評価」を導入した。

　「社会的インパクト評価」とは、これまでの行政主体の社会的事業に代わって個人や企業の間でも社会貢献への意識が向上し、「社会に良いことにお金をかける＝社会的投資」への関心が高まる中、その投資の成果を測ろうとする流れの中で生まれた評価の方法である（エプスタイン 2015）。

　井上（2019）は、ホームレスの自立を目的としたビジネスを行っている「ビックイシュー」の取り組みを例に「社会的インパクト」を以下のように紹介している。

　　　『世の中』のビジョンは、中長期的に実現したいものはアウトカム、より長期に時間がかかるものはインパクト、と呼んでいる。ビックイシューにとって、ホームレスの人たちの自立はアウトカムであり、その先に目指しているインパクトは『ホームレスが生まれない、誰にでも居場所のある社会』である。

　当事業においては、中長期アウトカム（成果）として以下を掲げた。

　　　高槻市域に民と民、官と民による面（セーフティネット）が構築され、制度から取りこぼれやすい社会的不利を抱える子ども、障がい者、高齢者、外国ルーツの人たちも取りこぼさない（誰も取りこぼさない）地

域を創出する。

また、短期アウトカム（成果）として以下の4項目を挙げた。

1. 「つながる・食べる・学ぶ・生活を支える」をキーワードに市内の居場所（子ども・障がい・高齢・外国人支援団体等）×行政×企業×大学×地縁組織による社会的不利を抱える要援護者を支える民と民、官と民の支援のネットワーク機能を生み出す。
2. 市内の要援護者の状況が可視化、支援の重要性が行政に認識され、支援の制度化が図られる。
3. 高齢者が主な担い手となっている自治組織や地域行事の運営（子ども会、祭りなど）に次世代の担い手（小学生・中学生・高校生、大学生、子育て層）が携わり、相互のコラボをゆるやかに起こす。
4. 当地区の支援モデルおよび知見を地域内はもとより他地域へ共有する。

上記の4項目についてそれぞれの成果指標および目標のためにどのような活動を行うのか（アウトプット）を具体化した。さらに3年後に実際にどのようなインパクトがもたらされたのかが明確に評価できるよう、あらかじめ以下の定量目標を定めた。

1. 市内の居場所（子ども・障がい・高齢・外国人支援団体等）×行政等で支援のノウハウを共有でき、支援をしあえる仕組みを生み出す（ネットワーク参画団体数20団体）。
2. 要援護者等、必要とする家庭に食支援の仕組みを構築する（50食／回×週1×2年間=6,000食）。
3. 要援護者等、必要とする家庭に学びの支援の仕組みを構築する（50世帯／年×1年間=50世帯）。
4. 地域支援に携わる大学生・子育て層の人材が増加する（のべ130人：保育士OGのべ45人、子育て層のべ45人、大学生40人）。

5. 地域支援に対し興味・関心を持ち、携わる子どもたちが増加する（ESD 実施校 10 校）。

3. ガバナンス体制および多セクターによる共創の仕組みの創設

さらに、高槻市と法人の間で「個人情報」を取り扱うことからも、その公益性を担う担保が必要となっていた。そのため、諸規定の整備等のガバナンス・コンプライアンス体制を整備し、かつ多セクターとの共創によるプロジェクト体制を構築した。

(1) 諸規定の整備と情報公開

諸規定の整備として、理事の職務権限規程、倫理規程、利益相反防止に関する規程、コンプライアンス規程、公益通報者保護に関する規程、情報公開規程、文書管理規程、リスク管理規程、監事監査規程、経理規程、事務局規程を整備し、2020 年 3 月理事会・社員総会で議決し、法人職員ならびに事業従事者への周知徹底を図った。また、規程については法人ホームページに掲載し、情報公開を図るとともに透明性の確保に努めた。

(2) 多セクターとの共創によるインクルーシブコミュニティ・プロジェクトの創設

2020 年に富田地区を拠点に立ち上げた多セクターによる共創プロジェクト「インクルーシブコミュニティ・プロジェクト」（表 5 参照）内に新たに「市域エリア事業」を位置づけ、事業ならびに予算執行、事業・決算について報告、評価を行う等適正な事業管理を図る仕組みとした。そして、新設した当事業の座長に三木正博氏（元平安女学院大学子ども教育学部学部長）、スーパーバイザー（以下、SV）に田村みどり氏（常磐会短期大学幼児教育科准教授）・山本外志子氏（高槻市社会教育委員）・坂田朱美氏（NPO 法人いき

いき会理事）など高槻市の施策の審議機関である「高槻市子ども・子育て
会議」の委員や社会教育委員を迎えた。また、協働事務局を市内の NPO
等の団体の支援を行う高槻市市民公益活動サポートセンターと WAKWAK
が担う仕組みとした（表6参照）。これらはのちに述べる社会運動により公
助を生み出していく際の戦略的な仕掛けである。

表5　インクルーシブコミュニティ・プロジェクト構成

座長	大阪大学大学院人間科学研究科教授	志水宏吉氏
学識経験者	大阪大学大学院人間科学研究科教授	髙田一宏氏
	関西大学教授	若槻健氏
	関西大学教授	内田龍史氏
	平安女学院大学准教授	新谷龍太朗氏
	平安女学院大学助教授	相楽典子氏
	大阪大学 社会ソリューションイニシアティブ特任助教授	今井貴代子氏
SV	NPO 法人子どもセンターぬっく代表理事（弁護士）	森本志磨子氏
プロジェクトメンバー	自治会や老人会のメンバー・民生児童委員・社福つながり・学校の教員・大阪大学大学院院生他	
主催事務局	当法人代表理事・事務統括：事務局長ほか当法人スタッフ3名	

表6　市域エリア事業構成

座長	元平安女学院大学子ども教育学部学部長、高槻市子ども・子育て会議会長	三木正博氏
SV	常磐会短期大学幼児教育科准教授・高槻市子ども・子育て会議副会長	田村みどり氏
	高槻市社会教育委員	山本外志子氏
	NPO 法人いきいき会理事	坂田朱美氏
主催事務局（協働事務局体制）	一般社団法人タウンスペース WAKWAK　高槻市市民公益活動サポートセンター	

第2節　実行（Action）

1. 居場所の包括連携によるモデル地域づくり（全国）

　こうして、支援対象範囲の拡大、市域全域でのネットワークの構築、組織の方向性の転換を図ったうえでWAKWAKがエントリーした事業の1つ目が、認定NPO法人全国こども食堂支援センターむすびえ（以下、むすびえ）が休眠預金事業として募集した「居場所の包括連携によるモデル地域づくり（全国）事業」である。

　当事業は3年間で約3,900万円（人件費含む）の予算で、全国から実施団体の募集が行われ、WAKWAKを含む4団体が採択された。全国でモデル地域を定め、好事例（グッドプラクティス）を生み出すことで全国に波及することを意図した事業である。

(1) 事業が目指す方向性

　むすびえの理事長である湯浅誠は、日本社会全体で地域の無縁化が進む中で地域づくりの今後の方向性として以下を挙げている。

> ・こども食堂といった地域の居場所の民間領域における連携（ヨコ連携）が進み、血縁、地縁の希薄化（無縁化）をカバーすること。
> ・包括化を指向する行政サービスとの官民連携（タテ連携）を促進すること。
>
> 　タテ・ヨコ双方の連携が進むと、地域が面的にカバーされ、人がこぼれにくい地域が生まれる。その集合体が、人々がこぼれにくい日本になる。（湯浅 2021: 199）

　このような考え方をもとに創設されたのが当事業である。前者において
は、全国において地域コミュニティの基盤である自治会役員や民生委員・
児童委員などの担い手の高齢化、子ども会や PTA 役員などの成り手の不
足などからコミュニティ維持機能が低下している。その中で全国的かつ自
発的に生まれ増加している子ども食堂等の居場所が、それら地域の無縁化
に対しての課題解決の可能性を有している。後者については、従来、行政
施策は子ども施策、障がい者施策、高齢者施策など縦割りになっている。
それら両輪の動きを地域の中で連携させ、官民連携により人々が取りこぼ
れにくい地域（社会）を生み出そうとする事業である。

(2) 事業の概要

　その方向性をもとに WAKWAK は当事業の概要として以下を掲げた。

　　高槻市（人口 35 万人規模・中核市）の市域全域を対象とした当事業によ
　　る「つながる・食べる・学ぶ・生活を支える」をキーワードにした、
　　①第三の居場所のネットワーキング、②フードパントリー、③学習支
　　援、④大学、元保育所ベテラン保育士等と連携した専門職・担い手の
　　育成と高槻市が実施する『子どもみまもり・つながり訪問事業（厚労
　　省事業支援対象児童等見守り強化事業）』を並行して実施することで高槻市
　　域に民と民、官と民の連携による面（セーフティネット）を構築する。
　　また、その実践を通して得られた知見を大学等との協働の中で『共創
　　知』としてまとめ日本全国に発信する。これら多セクターとの共創に
　　より社会システム全体の変容（広域包摂的なみまもり・つながり構築）を
　　生み出す。

(3) 実施方針

　事業概要をもとに実施方針として以下の 7 つの方針を掲げた。

ⅰ．「つながる・食べる・学ぶ・生活を支える」食支援を通じたプラット
　　フォームづくり

・高槻市域にある第三の居場所のネットワーキングによるプラットフォー
ムづくり（フェーズ 1）
　2019 年 12 月に、高槻市協働プラザと当法人が共催し行った「地域か
ら広がる第三の居場所」講演会にパネリストとして参加した市内の子ども
食堂 5 団体を中心に「第三の居場所ネットワーク」（連絡会）を構築。その
プラットフォームを中心に市内に広く呼びかけネットワーキングを図る。

・市域生活困窮家庭を中心としたフードパントリー・食材支援（フェーズ 2）
　連絡会にこれまで当法人へ支援を行っている丸大食品やフードバンク、
生産者を招き、社会福祉協議会の食材預託事業とも連動する中で、各子ど
も食堂から困窮家庭へと食材を配布するための仕組みを構築する。
　　○機能：みまもり・食べる・ケアの仕組みづくり

・市域学習支援を必要とする家庭への学習支援（フェーズ 3）
　連絡会にこれまで連携してきた大学を含む近隣の大学へ呼びかけ、学習
ボランティアを募り、学びを必要とする家庭の学習支援サポーターをマッ
チングする仕組みづくりを行う。
　　○機能：みまもり・食べる・学ぶ・ケアをつなぐ仕組みづくり
　　○その他：文部科学省 GIGA スクール構想により各家庭に配布された電
子機器や通信機器と連動して実施し、遠隔においても学生と子どもをつな
ぐ仕組みとする。

ⅱ．第三の居場所を持続可能にするための「担い手」の育成

・元市内保育所保育士 OG 等と連携した「担い手」の発掘と対人援助者の
　育成
　事業には、市内保育所に勤務し、とりわけ社会的不利を抱える子どもた

ちや家庭の支援に長年携わってきたベテラン保育士等がボランティアとして協力している。そのベテラン保育士をメンターとし、PTA 等に参加している保護者から「担い手」を発掘し、研修や実践に伴走しながらノウハウを伝え、実践的な対人援助者の育成を図る。

・大学との連携を通じた専門職の育成

　事業にはこれまで大阪大学や関西大学、平安女学院大学、大阪人間科学大学等から学校教員や福祉職を目指す学生が数多く携わってきた。その連携をもとに、学生が学習支援やフードパントリーに実践的に携わりながら対人援助職としてのあり方、ノウハウを学ぶ場および研修の仕組みを創る（※とりわけ社会的不利を抱える子どもたちとの関わり方を実践的に学ぶ）。

・公教育との協働による「ESD」の教育カリキュラムづくりと普及

　SDGs の流れを受ける中で、文部科学省は「持続可能な社会の創り手」を育むため ESD（Education for Sustainable Development）の必要性を提唱している（2020 年度学習指導要領前文）。その流れを受け、WAKWAK が拠点とする中学校区では、2020 年度に地域と学校、大学が連携する中でカリキュラム開発を行ってきた。この実践を体系化する中で市内各学校へと普及し「持続可能な社会の創り手」の育成を図る。

iii. 他地域に波及するための「共創知」の生成と発信

・大学との連携による調査・研究によるデータ化（課題の可視化）および実
　践の研究による「共創知」の生成

　研究分野においては、WAKWAK 事務局長が関西大学の委嘱研究員として、当該地区における子どもの居場所づくり事業の取り組みなどの実践を紀要、論文等で発信してきた。また、2019 年度からは大阪大学と OOS 協定[16]を締結し、コミュニティの再生について多セクターとの共創の実践を行い、そこで得られた知見を「共創知」としてまとめ発信している。それらの研究対象を今事業で更に対象を広げ、かつ他大学研究者にも呼びか

けを行い、実践と研究の往還を図りながら他地域に波及を図る。

　概要および実施方針をふまえ、居場所の包括連携によるモデル地域づくり（全国）事業を図式化したのが図1である。

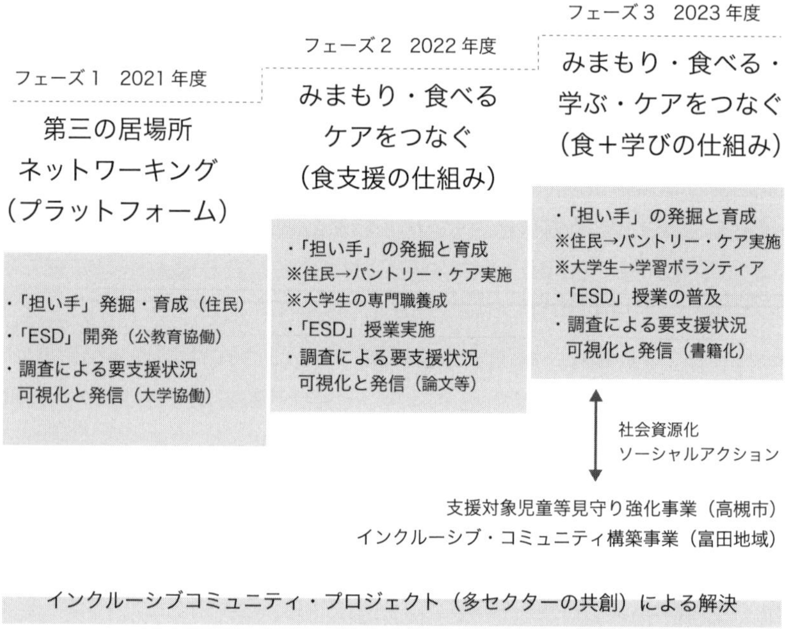

フェーズ3　2023年度
みまもり・食べる・学ぶ・ケアをつなぐ（食＋学びの仕組み）

フェーズ2　2022年度
みまもり・食べるケアをつなぐ（食支援の仕組み）

フェーズ1　2021年度
第三の居場所ネットワーキング（プラットフォーム）

・「担い手」発掘・育成（住民）
・「ESD」開発（公教育協働）
・調査による要支援状況可視化と発信（大学協働）

・「担い手」の発掘と育成
※住民→パントリー・ケア実施
※大学生の専門職養成
・「ESD」授業実施
・調査による要支援状況可視化と発信（論文等）

・「担い手」の発掘と育成
※住民→パントリー・ケア実施
※大学生→学習ボランティア
・「ESD」授業の普及
・調査による要支援状況可視化と発信（書籍化）

社会資源化
ソーシャルアクション

支援対象児童等見守り強化事業（高槻市）
インクルーシブ・コミュニティ構築事業（富田地域）

インクルーシブコミュニティ・プロジェクト（多セクターの共創）による解決

図1　「居場所の包括連携によるモデル地域づくり（全国）事業」全体像図解

　WAKWAKはこれらの提案をもとに居場所の包括連携によるモデル地域づくり（全国）事業にエントリーし、全国でWAKWAK含む4団体（大阪府堺市社会福祉協議会・福井県坂井市社会福祉協議会・NPO法人新座子育てネットワーク）が採択され事業実施に至った。

⑷ 実際に起こしたインパクト──ネットワーキング

　ここからは、実際に行った事業について述べる。初年度となる2021年

度の事業実施にあたっては、ネットワークの立ち上げによる市域の団体間のプラットフォームを生み出すことを主な目標としていた。のちにその立ち上げのプロセスと社会運動性について述べるが、ネットワーク準備会の発足の機会とした立ち上げ講演会を皮切りにアクションネットワークの設立を行っていった。

ⅰ. 立ち上げ講演会

　まず、取り組みのスタートとしてネットワーク準備会の立ち上げを記念し、10 月 30 日に「地域から広がる第三の居場所講演会」を開催した。ここでは、講師に全国子ども食堂支援センターむすびえ理事長／元内閣府参与である湯浅氏を迎え、「コロナ禍に見えてきた子どもたちに必要な支援」をテーマに行ったほか、次の通り 3 部の内容を実施した（表 7 参照）。

表 7　講演会概要

地域から広がる第三の居場所講演会 ――コロナ禍に見えてきた子どもたちに必要な支援	
日時	10 月 30 日（土）13 時〜16 時
場所	高槻市現代劇場 402 号室
形式	対面およびオンライン（YouTube 限定公開）のハイブリッド形式
内容	①第 1 部 講演会（13 時〜14 時） 講師：湯浅誠氏（元内閣府参与・東京大学特任教授） ②第 2 部：新型コロナ禍の子どもたちを支える実践（14 時〜14 時 45 分） 子ども食堂団体シンポジウム ③第 3 部 子ども食堂連絡会（15 時〜16 時）
参加者数	152 名
共催	高槻市市民公益活動サポートセンター 一般社団法人タウンスペース WAKWAK

ⅱ．アクションネットワークの設立

　10月30日の講演会後の準備会では50人ほどの関係者が集まり、顔合わせおよびこれから創ろうとするネットワークの趣旨について共有を図った。そして、11月20日にネットワークは正式発足した。回を重ねながら表8のように名称や方向性等を決め、表9の通り年度内に4回開催した。

表8　ネットワークの趣旨、機能、方向性等

名称	地域から広がる第三の居場所アクションネットワーク
趣旨	高槻市内において子ども分野をはじめ多様な活動を行う団体、企業、大学、学校、行政、個人等の関係者が一同に会し、顔を合わせ、情報交流をする中でゆるやかなネットワークを築く。
会の3つの機能	①ネットワーク間の顔がつながる ②情報交流と助けあい ③支援構築に向けたアクション
会の方向性	①「民」だからできるアクションを先行的に進めながら、将来的には「官」（行政ほか）とも協働する。 ②コロナ禍、緊急性の高い社会的不利層への支援から始め、様々な層へ広げる。 ③子ども分野から始め、障がい、高齢、外国人支援分野等へ広げる。（包括的な支援）
動き	①各団体によるコラボの動き（ヒト・モノの交流や協働等） ②事務局主導の動き

表9　地域から広がる第三の居場所アクションネットワーク

①ネットワーク正式発足	
日時	11月20日（土）13時半〜15時
場所	高槻市現代劇場206号室
形式	対面およびオンライン（ZOOM）のハイブリッド形式

内容	①参加団体自己紹介 ②この会で大切にしたいこと・体制 ③情報交流
参加者数	39 人

②第 2 回ネットワーク会議

日時	12 月 18 日（土）10 時～12 時
場所	現代劇場 206 号室
形式	対面およびオンライン（ZOOM）のハイブリッド形式
内容	①参加団体交流会 ②支援構築のための情報交流 & 助けあい 　・団体それぞれの動き 　・事務局主導の動き（フードパントリーサテライト構想） ③今後の開催方法について ④事務連絡 　・メーリングリストの開設 　・ZOOM・メーリングリスト使い方講座実施について
参加者数	36 人

③第 3 回ネットワーク会議

日時	1 月 18 日（火）10 時～12 時
形式	オンライン（ZOOM）開催 対面サテライト会場（コミュニティスペース NikoNiko、協働プラザ、平安女学院大学）
内容	①チェックイン・新メンバー紹介 ②支援構築のための情報交流 & 助けあい ③会の名称、趣旨、方向性等の再確認 　・団体それぞれの動き 　・事務局主導の動き（フードパントリーサテライトの企画背景および実際の支援の様子） ④事務連絡
参加者数	37 名

④第4回ネットワーク会議	
日時	3月12日（土）10時〜12時
形式	オンライン（ZOOM）開催 対面サテライト会場（NikoNiko、平安女学院大学、協働プラザ、西法寺）
内容	①チェックイン・新メンバー紹介 ②支援構築のための情報交流・助けあい ③今年度事業の動きと今後について ④今後の方向性についての意見交流（グループワーク）
参加者数	42人

iii．分野を超えた包括的なネットワーク

　2021年度の開催はまさに新型コロナウイルス感染拡大の最中での開催でもあった。そのことから、当初は対面でネットワークの開催をしていたものの3回目の実施からオンライン（ZOOM）へと切り替えた。一方で、参加者の中には普段パソコンを利用しない方や苦手な方がおられた。そのことから参加団体の協力を仰ぎ市域の様々な場にサテライト拠点を設け、市域の各地で少人数、対面ができる場を確保して実施した。参加者は移動を少なく、感染リスクを減らしながら参加できるよう工夫した。社会的包摂を大切にする法人として形式を変えるときに、それによって取りこぼれてしまう人が生まれないかどうかを検討した上、いかにすれば多くの参加を促進できるかを考えることは重要である。また、オンライン形式への変更時には、あらかじめオンライン（ZOOM）の使い方講座なども実施しフォローアップも同時に行った。それらの効果もあり、回を重ねるごとにネットワークの参加団体、個人は広がり、当初の予想であった地域の子ども支援をはじめとするNPOや団体、学校関係、大学、企業のみならず、お寺を会場に寺子屋を開催する宗教関係者、医療関係者や市議会議員にも広がりを見せ、ネットワークは2022年3月25日時点で57団体、108人の登録数となり、分野を超えた包括的なネットワークへと広がった（表10）。

表 10　ネットワーク参画団体一覧（2022 年 3 月 25 日時点）

セクター分類	団体数（団体）	参加人数（名）
市民活動団体	38	76
企業	2	4
大学・学校	6	12
宗教関係	3	3
医療関係	1	2
個人・その他	7	11
合計	57 団体	108 名

ⅳ．フードパントリーのサテライト

　ネットワークの設立にあたって、このネットワークを協議のみの場にするつもりはなかった。協議はもちろん行いながらも、アクションを起こす場であることを何より大切にしていたからである。また、行政への要求団体にするつもりもなかった。会の運営において、当初参加者から「そんな生ぬるい方法ではだめだ、もっと行政へ責務を要求する必要がある」との声もあったが、それに対し「要求団体にするつもりはない」と断言した。それは、ネットワークが行政を責めるという性格になることで行政との関係を緊張、硬直化させること、民間ができる自主的な動きを鈍らせてしまうことを懸念していたからである。そのため、民間でできることをどんどん実行しながら、賛同者の裾野を広げ、その結果、行政からの支援が追随するのを目指す戦略で始めた。そのため、会の具体的な動きとして、それぞれの団体間の動きと同時に事務局主導のアクションを設けた。そして、事務局主導の動きとして、ネットワークの正式発足と同時に具体的なアクションを構想し、ネットワークの発足早々2022 年 1 月には実施に至った。その動きとはフードパントリーの市域サテライト構想だった。WAKWAK が実施する食支援は 2 か年目となっていた。コロナ禍において社会的不利を抱える層に支援の必要性が顕在化する中、市内で困窮層が多くなりやすい公営住宅等を抱える地域を対象に食支援を先行的に始めた

が、居場所の包括連携によるモデル地域づくり（全国）事業においては、従来行ってきた富田エリアでの実践を活かしながら「高槻つばめ学習会」の受講生、市南部の公営住宅を抱える第七中学校区（以下、七中校区）エリアを対象に1月から実施した。

ⅴ．三方よしの仕組み

　この実践は富田モデルの市域サテライト版として実施した。富田エリアでは、コロナ禍で、それまで行っていた子ども食堂（富田ただいま食堂）をフードパントリー形式へと切り替えていた。それは、近隣のカフェにお弁当を作ってもらい、子ども食堂利用者や市内の食支援を必要とする家庭に対し、法人事務所に取りに来てもらう形で毎週実施していた。また、お弁当を取りに来てもらうついでに家庭で起こる様々な状況を聴くことができる（ケアにつなぐ）という、まさに「ついでから相談」を行い、必要に応じて学校や行政機関等の支援にもつなぐ仕組みでもあった。この仕組みを先に紹介した2か所で実施した。また、実践を通して様々な効果が見えてきた。それらを次で個別に詳細を述べる。

ⅵ．コラボレーションが生み出す相乗効果

　フードパントリーのサテライト構築にあたって、このような趣旨を互いに理解できる顔の見える関係性の中で行うことも大切にしていた。そのことからネットワーク参画団体に対し協力を要請した。「高槻つばめ学習会」の受講生を対象にした取り組みでは、「高槻つばめ学習会×ぐーぐー藤カレー×できたよできたよお弁当の会×WAKWAK」の協働として「ぐーぐー藤カレー」にカレーライスを、「できたよできたよお弁当の会」からはパンを受講生に提供いただいた。

　七中校区での取り組みでは、「キヨサキあーちゃん食堂×のりまきのすけ×WAKWAK」のコラボレーションとして、のりまきのすけにお弁当を調理および提供いただいた。いずれもネットワークに参画する団体間のコラボレーションにより実施した。この取り組みでは、学習会の受講生が将来のロールモデル（パン屋さん）と出会ったり、卒業後、「ぐーぐー藤カ

レー」の店舗でアルバイトにつながったりしたエピソードなども生まれ、地域の善意がつながることによる相乗効果も生まれた。

vii．支援の継続性を生み出す効果

　また、七中校区での支援の構築の際にはその地域の人たち（キーマン）に関わっていただくことを何より大切にした。そこで、校区で民生委員等の地域活動を長年行いながら子ども食堂「キヨサキあーちゃん食堂」も主宰するご夫婦に力をお借りした。パントリーの実施だけを考えればWAKWAK が出張所として実施することもできる。しかし、地元の方に関わってもらうことにより、支援者と利用者のつながりが生まれる。実際にここでのつながりをきっかけに子どもたちが「キヨサキあーちゃん食堂」を知ったり、学校の登下校時に挨拶をしあえる関係性が生まれたりした。まさに各地域で支援の継続性が生まれる仕組みである。

viii．包括支援を生み出す効果

　七中校区での実施にあたっては学校教員が関わってくれたことも大きかった。教員の関わりにより本当に必要な層に直接支援を届けられたからだ。
　2018 年に農林水産省が発表した『子供食堂と地域が連携して進める食育活動事例集』によれば、活動目的として 86.5％ の子ども食堂が「生活困窮家庭の子どもの居場所づくり」を意識しつつも、実際には 42.3％ の子ども食堂が来てほしい家庭の子どもや親に来てもらうことが難しいと感じており、子ども食堂の運営に対する主要課題の 1 位となっている。また、同調査では子ども食堂の運営者の 17.2％ が「学校・教育委員会の協力が得られない」、12.8％ が「行政の協力が得られない」と回答した。
　つまり、多くの運営者は生活困窮層に対し支援を届けたいと思っているが、実際に届けるために学校や行政との連携が難しい状況となっている。
　富田地区においては地域と学校の包括連携の仕組みが長年の市民運動や活動の成果により構築されてきた経過がある。それらは伝統がありできたことであり、それを地域外に広げることは難しい側面があった。なぜなら、多くの学校には学校外の地域の社会資源と連携する文化とその必要性

がまだまだ浸透していないからである。そのため、この校区における連携においても困難は生まれた。しかしながら、そこへ教員が関わることにより本当に必要な層に届けることが可能となった。それは先に述べたような多くの子ども食堂があたる壁（包括連携を生み出す困難さ）に風穴を開ける動きそのものだった。

　このような状況に対し、実は国も動いている。厚生労働省は2018年6月28日付の各都道府県知事、中核市市長宛で「子ども食堂の活動に関する連携・協力の推進及び子ども食堂の運営上留意すべき事項の周知について」として通知している。官と民による包括連携のために重要な通知であるため紹介する。

　通知では、「1.子ども食堂の活動に関する連携・協力の推進（1）子ども食堂の現状」として、子ども食堂の活動は困難を抱える子どもたちを含め、様々な子どもたちに対し、食育や貴重な団らん、地域における居場所確保の機会を提供しているという意義を有しているものと認められるとしている。そして、「（2）子ども食堂の活動への協力」として、行政のほか、子ども食堂を取り巻く地域の住民、福祉関係者および教育関係者等が運営者と認識を共有しながら、その活動について積極的な連携・協力を図ることが重要であることを述べている。さらに学校、公民館等の社会教育施設、PTAおよび地域学校協働本部や教育委員会等が実施する学習・体験活動等の事業関係者を通じて、困難を抱える子どもたちを含む様々な子どもたちに地域の子ども食堂の情報が行き届くよう、行政において、福祉部局と教育委員会等が連携し、子ども食堂の活動について情報共有を図るなどの協力を要請している。さらに通知では、内閣府と文部科学省から都道府県教育委員会等に対しても同様に通知されていることが申し添えられている。

　つまり、国も子どもたちの包括支援のためには官と民の連携が不可欠であるという認識に立っている。しかしながら、これらの考えが現場にまだまだ浸透していないことも事実である。

ⅸ．溜めを生み出す効果

これらの取り組みの効果をまとめた時、湯浅が述べる「溜め」の効果が見えてくる。

> コロナがあぶりだすのは、コロナ以前の人々の暮らしの窮状だ。この余裕・余白・ゆとりを、私は『溜め』と呼んできた。物質的な溜め（お金とか）、人間関係の溜め（つながり）とか、精神的な溜め（自信、自己有用感）とか。それらの溜めが総合的にみて少ない状態が「貧困」だ。（湯浅 2021: 212）

パントリーの取り組みは、社会的不利を抱える人にさらに不利が重なる中、その支援を広げるために実施してきた。また、それをイベント的ではなく定期的に開催することで「つながり」をつくろうとしてきた。お弁当の配布を通して物質的な溜めである経済的困窮を支援し、定期的な支援を通して人間関係の溜め（つながり）をつくり、それら人と人がつながっていることからくる安心感（誰かが見守ってくれている、困ったときには誰かが助けてくれる）という精神的な溜めを創ろうと着想した。その意味でフードパントリーは単にお弁当を配付するだけではなく、溜めを生み出すことにより多様なつながりを生み出すための取り組みである。

この取り組みは富田地区を含め市内においてまずは先行的に、社会的に不利を抱える家庭が多いエリアを対象に3か所で行った。

2. 高槻市子どもみまもり・つながり訪問事業（厚労省支援対象児童等見守り強化事業）

WAKWAK が新たに市域広域事業を立ち上げて行った2つ目の事業が「みまもり事業」である。

高槻市では2021年度、厚生労働省事業「支援対象児童等見守り強化事業」を用いて「みまもり事業」を創設した。厚労省によれば本事業の目的は以下のように書かれている。

本事業の目的として①新型コロナウイルス感染症の影響により、子どもの見守り機会が減少し、児童虐待のリスクが高まっていることから、市町村の要保護児童対策地域協議会が中核となって、子ども食堂や子どもに対する宅食等の支援を行う民間団体等も含めた様々な地域ネットワークを総動員し、支援ニーズの高い子ども等を見守り、必要な支援につなげることができる体制の強化を推進する必要がある。また、未就園児は、地域の目が届きにくく、子どもの状況を把握することが困難な場合もあることから、母子保健施策等の必要な支援につなげるための取り組みを強化する必要がある。②そのため、要保護児童対策地域協議会の支援対象児童等として登録されている子ども等の居宅を訪問するなどし、状況の把握や食事の提供、学習・生活指導支援等を通じた子どもの見守り体制を強化する『支援対象児童等見守り強化事業』について、安定的実施に向けて、引き続き財政支援を行う。

　全国の事業の実施状況としては 2021 年 7 月時点で 39 都道府県 102 市区町 230 か所が実施し、初年度は厚労省が全額補助として実施した。それを受け、高槻市においては以下を目的とした。

　新型コロナウイルス感染症の影響により、子どもの見守り機会が減少し、児童虐待のリスクが高まっていることから、地域の目が行き届きにくい未就園児等（保育所等に所属していない原則 3 歳から就学前の子ども）がいる家庭を訪問するなどし、状況の把握や子育てに関する相談、子育て支援サービスの情報提供等、家庭での養育支援を行い、子どもの見守り体制の強化を図ることを目的とした『子どもみまもり・つながり訪問事業』を実施する（高槻市子どもみまもり・つながり訪問事業業務委託に係るプロポーザル募集要項）。

　同市においては、約 500 世帯の家庭が対象となり、当事業を実施する事業者として高槻市において 2 事業者の選定のためのプロポーザルが行われ、NPO 法人 SEAN と WAKWAK が受託し実施することとなった。

(1) 事業の概要

　実施にあたって WAKWAK として２つの柱を掲げた。①見守りとして、新型コロナウイルス感染症の影響により子どもの見守り機会が減少し、児童虐待のリスクが高まっていることから、未就園児等のいる家庭を訪問し状況の把握や学習および生活支援等を通じた子どもの見守りを実施すること。

　②保育士等の人材の発掘と育成として、市内保育所等に保育士として長年勤務等を経てきたベテラン保育士や市民活動を行ってきたベテラン保育士などの人材をメンターや SV として雇用し、若手の保育士等の発掘と専門性の育成を図ることで高槻市における包摂のネットワークの担い手の育成と、社会的不利を抱える子どもや家庭支援のノウハウの継承を行うという２つである。

(2) 事業の背景と目的

　事業概要に①見守りおよび②人材の発掘と育成を挙げたことには背景がある。

　①見守りの必要性については、先に紹介した「食・学び・制度の伴走支援」を軸とする緊急支援プロジェクトを行う中で１日１食以下の食事、虐待の深刻化、社会や家庭での孤立化、家庭教育力の差による学力の著しい低下など、とりわけ社会的不利を抱える子どもは日常における困難をさらに増幅しており、多くの SOS が事務所に日々届いていた。そのことから、虐待のリスクの高まり、生活困窮の深刻化、公的サービスがつながっておらず制度への伴走支援が必要とされるケースなどが、可視化されていない SOS（声なき SOS）として地域社会の中に存在する可能性があることが見えてきていた。これらの課題解決を図るため、民の柔軟性と機動力を活かし行政と協働することで、市域全域へとこれまでの包摂のネットワークのノウハウを広げようと考えた。

　また、②人材の発掘と育成については、昨今日本社会において地域の自治・福祉活動に従事するボランティアの高齢化等による担い手不足が喫緊

の課題となっており、それは同市においても同様であった。そのため、当事業を通して保育士等の資格を有しながらも子育て等により現場から一時的に離れている若年層の人材を発掘し、市内保育所等に保育士として長年勤務等を経てきたベテラン保育士や、市民活動を長年担ってきたベテラン保育士などの人材（メンター）による研修および実践を通して、保育の専門性に加え、みまもり事業のような訪問における対人援助職としての専門性の養成を併せて行おうと考えた。

(3) 実施方針

　さらに実施方針として以下の9つの方針を掲げた。

ⅰ．子どもの見守りの実施方針

・対象家庭への訪問時の方針
　長年、高槻市内の保育所に勤務してきたベテラン保育士等と若年層の保育士のペアによる対象家庭への訪問を行うことで、ベテラン保育士が長年培ってきたスキルやノウハウによって様々な社会的不利を抱えた家庭が育児や生活上の困りごとなどを安心して自己開示でき、かつ悩みや困りごとなどに対し柔軟に対応できるよう体制を組む。

・SV・メンター制度の導入による実施
　訪問の実施にあたっては市内保育所等に保育士として長年勤務等を経てきたベテラン保育士や市民活動を行ってきた人材をSVやメンターとして雇用し、事業実施に対する様々な助言・相談が行える体制を組む。

・読み聞かせ等学びの支援、子育てや生活上の困りごとの支援
　地域においてつどいの広場[17]や子ども家庭文庫などの市民活動や福祉職に従事してきた社会福祉士等の人材による研修や学習会などの実施により、絵本の配布のための訪問時に、併せて家庭養育の支援や子育てや生活

上の困りごと、子育て支援サービスの情報提供等を円滑かつ的確に行う。

ⅱ．「担い手」の育成方針

・対人援助の専門性の育成（訪問員研修の実施）

　訪問員としての必須研修（6 月から実施）および通年を通しての SV による学習会や講師を招いた研修を行い、地域福祉・対人援助の担い手の養成を行う（研修内容：子どもの権利や保護、傾聴スキル、守秘義務、虐待の理解およびその対応等の活動指針等）。

・元市内保育所ベテラン保育士等と連携したノウハウの継承

　WAKWAK の事業には市内保育所に長年勤務し、とりわけ社会的不利を抱える子どもたちや家庭の支援に携わってきたベテラン保育士や、市民活動に長年携わってきたボランティアが協力している。そのメンバーをメンターとし若年層の保育士等への研修や実践に伴走しながらノウハウを伝える中で、実践的な対人援助者の育成とノウハウの継承を図る。

ⅲ．多セクターとの協働・連携

・虐待等緊急案件発生時の連携

　これまで WAKWAK の事業（生活困窮家庭等を対象とした学習支援等）における被虐待児や生活困窮家庭等の緊急支援において、学校とも連携しつつ高槻市子育て総合支援センターが主催するケースカンファレンスへ出席し、ケース対応や支援を連携して行ってきた。これらの状況をふまえ見守り事業においても随時、児童家庭相談事務所と連携を図るほか、虐待等緊急案件に関しては速やかに報告するなど子どもや家庭の最善の利益を図る。

・地域の様々な支援事業へのつなぎ

　訪問家庭のニーズに応じて高槻市との協議により決定する情報提供資料（つどいの広場等子育て情報）のほか、高槻市市民公益活動サポートセンター

とも連携し子ども食堂や学習支援などを行う事業へつなぐなど当事業の委託趣旨（厚労省の委託趣旨）に合わせた支援を行う。

・多様な専門性を生み出す仕組み

2020年に富田地区を拠点に立ち上げた多セクターによる共創プロジェクト「インクルーシブコミュニティ・プロジェクト」の新たなワーキンググループとして当事業を位置づけ、事業ならびに予算執行、事業報告、決算について報告、評価を行う等適正な事業管理を図る。また、それぞれのセクターの強みを活かした独創的かつ包括的なアクションを生み出す仕組みとする。

・他地域に向けた発信・波及

当事業の実践にあたっては他地域に支援のひな型やノウハウの波及を行うべく、大学等との連携による学術論文の投稿やアニュアルレポートの制作・発信をしてきた。また、2019年度からは大阪大学と当法人がOOS協定を締結し、コミュニティの再生について多セクターとの共創の実践を行い、そこで得られた知見を「共創知」としてまとめ発信している。当事業についても個人情報保護を遵守しながらも実践と研究の往還を図りながら他地域に波及を図る。

これらの内容をもとに高槻市のプロポーザルにエントリーした結果、申請事業は高槻市により最優秀提案者と認定された。

(4) 実際の事業

先に紹介した通り、同事業においては市内において未就園児かつ保育所や幼稚園等の社会資源につながっていない約500世帯の家庭へアウトリーチを行うことで、現状の確認および支援が必要な家庭に支援を行うこととなっていた。2事業者それぞれに地域で区分け（市内に流れる芥川を境に東と西エリア）を行い、WAKWAKは242件（対応総数268件）の訪問を実施

した。また、実施体制として先に紹介したメンター（市内保育所元所長や副所長などのベテラン保育士等）を9人、訪問員として市内全域から保育士や子育て支援経験者の子育て層を30人、事業全体のコーディネーターを1人雇用し、総勢40人の体制で各家庭への訪問を実施した。

　なお、先にも述べたように当事業においては個人情報の保護が強く求められるため各家庭の情報については掲載しない。

ⅰ.見守り訪問の実際
　当事業のフロー（流れ）は以下の手順で行った。

- 訪問員研修（必須）（事業の意義・目的、個人情報の取り扱いについて、児童虐待に関する知識等）
- 事前通知（訪問家庭へ訪問日時等の通知の発送）
- 訪問準備（地図入れ・打ち合わせ等）
- 訪問（訪問→訪問記録作成）
- 高槻市との定例会議における事業の報告・共有（毎月10日）
- 高槻市への実績報告書提出

ⅱ.人材の発掘と育成
　先にも紹介したように当事業は見守りを行いながらも、同時に人材の発掘と育成を行うことを重要なポイントとしている。それらを以下に訪問員研修の実施、メンター制、支援ノウハウを継承する具体的スキームとして紹介する。

・訪問員研修の実施
　当事業の実施にあたり、表11の研修を必須研修として実施した。実施にあたり、①新型コロナウイルスの感染拡大を受け対面とオンライン（ZOOM）のハイブリッド形式で実施、②子育て層が参加しやすい時間帯に設定（幼稚園の送迎に合わせた時間設定）、③欠席者についても講演録画の共有（YouTube限定配信）などの工夫を行った。

表11　訪問員研修（必須）

	日時	内容	場所・形式
1	6月28日（月） 9時半〜11時半	従事者の顔合わせ・事業概要の共有 講師：法人職員（社会福祉士）	富田ふれあい 文化センター
2	7月5日（月） 9時半〜11時半	「高槻市の子育て支援施策」 講師：高槻市子育て総合支援センター 主査木村惠美子さん、藤原聡子さん	対面と オンライン
3	7月5日（月） 12時〜13時半	「訪問の際に大切なこと」 講師：元高槻市立保育所所長 甲斐田美智子さん	対面と オンライン
4	7月12日（月） 9時半〜11時半	「傾聴について（講義）」 講師：郡家地域包括支援センター職員 德留規子さん（社会福祉士）	対面と オンライン
5	7月12日（月） 12時〜13時半	「傾聴について（実践）」 講師：郡家地域包括支援センター職員 德留規子さん（社会福祉士）	対面と オンライン
6	7月19日（月） 9時半〜11時半	「子ども理解・親理解」 講師：常磐会短期大学教員・元高槻市子育て総合支援センター副主幹 田村みどりさん	対面と オンライン
7	7月19日（月） 12時〜13時半	「虐待の理解」 講師：淀川区子育て支援室 北川幾子さん	対面と オンライン
8	8月27日（金） 9時半〜11時半	「訪問員実務者研修」①（実務・マニュアルの共有、シミュレーション） 講師：メンター	対面と オンライン
9	9月2日（木） 9時半〜11時半	「訪問員実務者研修」②（訪問時、こんなときどうする？） 講師：メンター	対面と オンライン
10	9月30日（木） 9時半〜11時半	「訪問員実務者研修」③（振り返り） 講師：メンター	対面と オンライン
11	1月13日（木） 9時半〜11時半	「訪問員実務者研修」④（事業総括） 講師：法人職員（社会福祉士）	富田ふれあい 文化センター

・メンター制

　WAKWAK の事業には市内保育所に長年勤務し、とりわけ社会的不利を抱える子どもたちや家庭の支援に携わってきたベテラン保育士や、子育て支援や市民活動に長年携わってきたボランティアが数多く参画していた。そのメンバーをメンターとして迎え、若年層の保育士等への研修や実践に伴走しながらノウハウを伝える中で実践的な対人援助者の育成とノウハウの継承を図ることを行った。

　当事業のメンターとしては、50 代から 70 代の元市立保育所所長や副所長経験者、元市立子育て総合支援センター管理職経験者、保育士の養成を行う大学の学識者、長年 NPO 等で子育て支援に携わってきたメンバー、高槻市社会教育委員、元高槻市図書館司書で家庭文庫や公立の学校への読み聞かせ活動を行うメンバーなど、子育て支援のスペシャリスト 9 人が携わった。

　当事業にとってメンター制の導入が最も肝となる部分であった。というのも筆者自身、地域支援に携わり、様々な事業におけるメンターたちとの協働を通じてマニュアルを超えた支援力の深みを感じてきた。そこには、長年の保育や市民活動を通して、保育者・活動者自身が"人として"地域や人生に深くコミットした経験があること。また、その経験から生まれる「生き方」や実践の膨大な蓄積を通じたそれぞれのキャラクターに応じたオリジナリティのある技術や人生哲学、そこから創られる独特の"雰囲気"を感じてきた。実はその支援の深みこそが様々な社会的不利を抱え、育ちの中で傷つきを経験してきた当事者の心を自然と開いていく。そんな場面をいくつも見てきた。これらのノウハウをいかに支援につなぎ、かつ次世代へと継承するのか、その背景のもとで当事業のスキームを着想した。

・支援ノウハウを継承する具体的なスキーム

　メンターの伴走支援とともに、支援ノウハウを継承する仕組みとして、具体的には以下の流れで対人援助職の育成を行った。

　・訪問員研修：先に述べた必須研修による学び（座学中心）。

- メンターと訪問員のペアによる訪問：初期の訪問はメンターと訪問員のペアでの訪問を行うことで、実際の支援を通して学ぶ機会を提供。
- 記録作成時のメンターのスーパーバイズ：訪問後の記録作成時にメンターと振り返りをすることでスーパーバイズを受ける。
- 訪問員ペアでの訪問：スキームの後半では訪問員のみのペアで訪問を行い、メンターとの違いを体験から学ぶ。その際、メンターは相談役として関わることでフォロー体制を取る。
- 訪問員全体研修：隔月に行う訪問員全体研修において訪問時の学びや困りごとを全体化。メンターからの意見を共有することで全体の学びにつなぐ。これら訪問（実践）、記録作成、振り返り、スーパーバイズを繰り返し経験することでノウハウを継承する仕組みとした。

3. 実践構築の背景にある社会運動性

　これまで実践の背景や目的、取り組みについて紹介してきた。本項では藤井（2021）が紹介する英国において発展してきたシティズンズ UK の CO を参照し、「社会運動性」に着目しながら実践を振り返る。藤井（2021）は英国において発展してきたシティズンズ UK による CO について論文「連帯の技法としてのコミュニティ・オーガナイジング——イースト・ロンドンにおけるコミュニティ開発の現場から」において以下のように紹介している。

　　CO は、米国の産業地域財団を創設し、公民権運動にも大きな影響を与えたソウル・アリンスキーを源流とする社会運動の技法であり、多様なアクターとの間で関係性を作り出すことでパワーを高め、社会変革を前進させる方法論である。（藤井 2021: 107）

　CO については幾つかの流派が存在し、第2章で触れた大阪府高槻市富田地区における社会変革の共創の取り組みについては、ガンツ博士によるパブリック・ナラティブに焦点を置いた CO の技法を参照してまとめた。そこで、本項では、藤井（2021）が紹介する英国において発展してきたシティズンズ UK の CO を参照し、「社会運動性」にも着目しながらまとめる。藤井は CO の基本と実際のアクションについて以下のように述べている。

　　人々の自己利益（self-interest）を明らかにし、共有できる集合的な利益を構築することで、人々の間の関係性（relationship）、すなわち、信頼関係や協力関係を作り上げ、社会変革を可能にするパワーへと変換していくということが CO の基本である。そして、実際のアクションの際には、抽象的で曖昧な問題（problem）を責任の所在が明確で、取り組み可能な具体的課題（issue）へと分解してターゲットを明確にした上で漸進的に社会変革を目指す。（藤井 2021: 111）

　また、CO のプロセスを詳しく理解するために重要なポイントとして、①関係性を基盤としたパワー、②関係構築のために必要な自己利益、③問題の課題化とリアクションを引き出すアクションの3つを挙げている（藤井 2021）。ここでは、この3つのポイントから当事業のプロセスを整理する。

(1) 関係性を基盤としたパワー

　前掲書では、パワーという言葉は日本語では通常「権力」と訳され支配や抑圧のイメージがつきまとうが、パワーとはあくまでも中立的なものであり、社会を変えるためにはパワーが絶対に必要であると紹介している。
　また、多くの一般市民がパワーを得ていく方法として、他者との関係性を構築することがあると主張する。そして、課題を共有した小規模なチームをつくることから始め、徐々に地域の多様なアクターとのネットワークへと拡大し、やがては、当該の課題に関して意思決定上の大きなパワーを有している政治家や大企業との関係構築へ至ると紹介している（藤井 2021）。

ⅰ. 富田エリアにおけるプロジェクトの立ち上げ

　当事業の前段階としてまず、富田エリアを基盤にプロジェクトを立ち上げていた。プロジェクトを立ち上げる前段には地域の自治会をはじめNPOや諸団体、学校関係者、大学関係者、企業関係者、行政関係者等30団体以上に出向き、それぞれの組織の代表者やキーマンに「1対1」で事業の趣旨説明や協力の依頼、協働の可能性の相談に伺った。そこで構築したのが先に表5で紹介した「インクルーシブコミュニティ・プロジェクト」である。そこでは、プロジェクトの座長として大阪大学大学院教授であり、日本教育社会学会会長でもある志水宏吉氏をはじめ多くの学識者を迎えた。プロジェクトの長に教育社会学の権威を迎えたのは、当事業の実践や、地域と学校との協働実践を、文部科学省が現在提唱している「コミュニティスクール[18]」の文脈で広く日本全国に発信、波及していくための戦略である。また、プロジェクトには弁護士も迎えているが、これは法的な課題への対応をはじめコンプライアンスへの対応を見据えてのことである。先にWAKWAKは非営利型の一般社団法人であることを紹介したが、社会的認知として、一般社団法人はNPO法人等に比べ公的なものとはまだまだみなされにくい性格がある。一方で「一般社団法人」は分野にとらわれず柔軟かつ即応的に事業展開を図ることができる強みがある。WAKWAKは地縁組織として発足以降、子どもから高齢者までの多様な住民の困りごとからスタートした事業や大阪北部地震後の災害支援の動きなど、分野にとらわれることなく必要に応じて事業や社会資源を生み出し支援の仕組みを多岐にわたって構築してきた。このプロジェクトの体制はこうした民間としての機動性、柔軟性、即応性を最大限に活かしつつも一方で公的な性格を補完する形態でもある。

ⅱ. 市域エリアにおけるプロジェクトの立ち上げ

　その母体をもとに当事業を実施する「市域広域事業」をプロジェクト内に新設した。プロジェクトの立ち上げにあたっては市域全域に支援の裾野を広げていくための体制づくりを構想し、富田エリアでのプロジェクトの立ち上げ時のように、まずはコアとなる体制を生み出すため市域における

キーマンを見出し、事業の趣旨説明と協力要請を行った。そして、当事業
の座長に三木正博氏（元平安女学院大学子ども教育学部学部長、高槻市子ども・子
育て会議委員）を迎えた。また、SV として市内で長年 NPO 活動を行い市
の市民活動を発展、支えてきたベテラン層の保育士を迎え、高槻市におい
て社会教育委員や高槻市子ども・子育て会議委員などの役職を担っている
メンバー、大学の研究者、企業関係者にも協力を求めた。また、子ども・
障がい・高齢・外国人支援分野等の分野包括的な団体として裾野を広げて
いくための協働先として、高槻市市民公益活動サポートセンター（協働プ
ラザ）へも要請を行った。

　こうした前段階を経て先に紹介した立ち上げ講演会を開催した。講演会
後に準備会を立ち上げた際には 50 人近くの出席者に残ってもらえること
になったが、その多くはあらかじめネットワークの必要性に賛同してくれ
た方々だった。核となるメンバーの協力体制をあらかじめ生み出すことで
協働のためのベースを創ったのである。そして、ネットワークは回を重ね
るごとに広がっていくこととなり、2022 年 3 月 25 日時点で登録団体が
57 団体、個人含め 108 人が参画することとなった。

ⅲ. 官民連携を生み出すために

　ネットワークは分野包括的に広がりながらも、このような民のネット
ワークにいかに行政との協働を生み出すのか、いかに支援のための公助を
生み出すのかも次の課題であった。そのための布石となるような興味深い
エピソードがあったので紹介する。それはフードパントリーサテライトの
実践を重ねる中で起こったエピソードである。

　ある時、フードパントリーのサテライトを広げる中で、ある団体から協
力の申し出をいただいた。そこでネットワークの趣旨を団体にお伝えした
ところ、後日、パントリーに協力してくださることとなった。その団体の
理事長は偶然にも社会福祉協議会の理事であり、地域で自治会などの要職
を歴任されている方でもあった。また、その団体の副理事長は元市議会議
員でもあった。その理事長が立ち話の中でふと「こないだ話してくれた話
なあ、（行政の）職員に会合で会ったときにすごい大切な取り組みしてるで

と言っといたから」という言葉をかけて頂いた。特にそのことを事前にお願いしていたわけではなかった。しかし、世の中に必要とされている取り組みを広げれば、このように関係者の方々が知らぬ間に動いてくださる。実はそういった積み重ねが本当に大切で、そういう人たちが地域の至る所で増えていくことでいずれ意思決定者（市長など）にもその声が届く。自分たちが直接行政や市長にその必要性を訴えるよりも、そういった人たちが必要性を伝えてくださるほうが届きやすいことが往々にしてある。これらの動きは同じく藤井が述べる以下のことと重なる。

> 関係構築を戦略的に行うためには、課題をめぐる具体的な社会関係の中で、どこに、そして、誰に意思決定上のパワーが存在しているのか、あるいは、そうした人物に影響力を行使しうるステークホルダーは誰なのかを明らかにする必要がある。(藤井 2021: 112)

このエピソードは偶然起こったようなエピソードではあるが、このようなことが地域の至る所から生まれ、広がることの重要性は当初から意図していたことでもある。意思決定者に影響力を行使し得るステークホルダーを明らかにし、その多くの人たちからの理解や賛同を実践を通して生み出そうとしていた。

次になぜ、これほどまでに短期間でネットワークが急速に広がることとなったのか。その部分について「自己利益」のポイントからその要因を探っていきたい。

(2) 関係構築のために必要な自己利益

前掲書によれば、先に紹介した関係性をつくり上げていく際のキーワードとなるのが「自己利益」である。自己利益というと私的な利益や既得権益を想像させるが、ここでの自己利益は、例えば安全に暮らしたい、家族をちゃんと食べさせていきたいという自己保存の欲求や自己の尊厳を守りたいという欲求であることを述べている。そうした多くの人々の具体的な

自己利益の共通部分を集合的利益として紡ぎだし、公共的な利益を立ち上げていくことの必要性を述べている（藤井 2021）。

　このような考えを参考に、ネットワークにおいては会の趣旨を全体で共有することのみならず、ワークショップの手法を用いながら「なぜ、このネットワークに参画しようとされたのか？」というそれぞれの動機を話しあう時間をとった。そこでは、「利用者からの切実な声も増えてきていて支援の枠を広げたいと考えていた」、「子どもの居場所はもちろん高齢者から子どもまで地域に居場所となる拠点が増えてゆくことに期待して参加」、「子どもたちや地域の人々の居場所づくりに対して私たちは何ができるのかを考えるきっかけとして参加」、「コロナ禍で外に出ること、人と触れる機会が極端に減り子育て中の親子家庭が孤立している現状を見て」などの声が浮かび上がってきた。

　また、同じくワークショップでは、「これから自身の活動を通してチャレンジしたいこと」についても意見を出しあった。そこでは、「地域との連携で困っている孤食の方、居場所を求めている方を支援できる場を作っていきたい」、「子どもの SOS、親の SOS が直に届くような居場所づくりをしたい」、「赤ちゃんから青年までの成長を見通せる支援、関係づくりをしていきたい」、「どんな子もどんな家庭も受け入れられ学びに参加できる社会にしたい」などの声が浮かび上がってきた。

　そこには、市内で活動をしている多くの団体がネットワーク化の必要性を感じてきたことや、コロナ禍で同じように支援の必要性を切実に感じていたことなどが背景にあったように考えられる。そういった社会や、時代の要請が背景にあったことが伺える。

　一方で当時はまだネットワークも発足から 4 回目という段階であったため、それぞれの自己利益やそこからつながる共通利益については詳細をより深めていく必要があり、さらにそれぞれの自己利益が実現化されるためのネットワークの役割も同時に求められていた。また、短期間におけるネットワークの広がりの要因を探ったとき、関係構築のあり方も影響していると考えられる。同じく藤井は、それぞれの人が持つ「自己利益」の共通部分を見出し集合的利益を立ち上げていく際のポイントとして以下のこ

とを指摘している。

> 私たちは、多くの場合、社会運動を広げようと思っても、自分と同
> 質的な人々の狭いサークルを抜け出すことができない。しかし、そ
> れは、あらかじめ外側に居る他者を一括りに特定のカテゴリー（たと
> えば、左翼、右翼、女性、若者等々）として認識しているからかもしれな
> い。（藤井 2021: 113）

　そもそもネットワークの立ち上げにあたって「分野包括的なネットワー
ク」を生み出すことを目指していた。そのことから、特定のイデオロギー
を重視すると協働する団体の幅が狭まってしまうため、多様なアクターと
共創し社会変化を前進させるために徹底的なプラグマティズムを重視する
ことに転換した。そのため立ち上げ段階からそれぞれの団体固有の考えや
設立の背景、支持する政党にかかわらず誰もが参加できる場であることを
最も重視した。そうして、分野を超えた包括的なネットワークが広がるこ
とが支援の裾野を広げ、それが結果として子どもたちをはじめ多様な人た
ちの最善の利益につながると確信していたからだ。

　その後、ネットワーク会議を開催するごとにその輪は広がっていった
が、コアとなる方々、参加された方々がそれぞれにつながりのある団体に
声かけをしてくださる中で、思わぬ広がりとして当初の想定になかった寺
子屋などの活動を行う寺院、宗教関係者、医療関係者にもそのネットワー
クは広がった。さらに、ネットワークの様子について市議会議員の後援会
で講演の依頼、元市議会議員、社会福祉協議会理事等からの協力の申し出
などにも広がっていった。

(3) 問題の課題化とリアクションを引き出すアクション

　前掲書は、自己利益を明らかにしながら集合的利益を構築し、関係性を
基盤としたパワーが生まれたら、そのパワーをどのように実際の社会変革
を可能とするアクションへと変換していくのかが重要だと指摘する。その

ときに重要なのが問題の課題化とリアクションを引き出すアクションであるという。当事者を運動の中心に据え、運動の中で当事者の存在が可視化され、彼らのストーリーが共有され、問題の原因がどこにあるか浮き彫りになることで誰の意思決定に影響を与えるべきなのかが明らかになると指摘している（藤井 2021）。

　先に紹介したネットワークの初期段階、事務局の動きとして問題の課題化をするために当事者としたのは子どもたち、とりわけコロナ禍で様々な社会的不利を受けている子どもたちだった。コロナ禍で1日1食以下の食事、虐待の深刻化、家庭での孤立化、学力の著しい低下など、とりわけ社会的不利を抱える子どもは日常における困難をさらに増幅していた。

　ネットワークにおいてはそのような状況を、シングルマザーが置かれている社会状況を調査した資料や、日本小児科学会が発表しているコロナ禍における子どもの生育への影響に関する調査結果などを交えながら共有し、その解決のための実践として「フードパントリーのサテライト」を開始した。

　今後はこのような実践と並行して、大阪大学をはじめとする大学との協働研究の中で要支援状況を可視化し、それらをネットワーク団体はもとより市議会議員や行政機関へと提出し、政策提言につなげることも想定している。実はこれらの動きは社会運動という文脈において当初からの戦略であった。同じく藤井は、多くの社会運動とCOのアプローチの違いについて以下のように述べている。

　　多くの社会運動が、何らかの社会問題に対する抵抗運動、つまり、問題に対する受け身的な反応（リアクション）として生じることに対して、COでは、逆に、アクションは計画を持った戦略的なものであり、問題に関する意思決定権を有する人々からのリアクション（場合によっては、オーバー・リアクション）を引き出すことを想定して設定されるべきことが強調される。（藤井 2021: 113）

コロナ禍で社会的不利を抱える子どもたちの支援の充実を考えたとき、

民間でできることとその限界は明白だった。支援の裾野を広げるために
は公助、共助、自助の仕組みをいかにバランスを持って構築するのかが重
要なファクターであった。そのため民間から実践をスタートして実績を先
につくり、実績を提示することで行政による施策につなぐ必要があった。
ネットワークの立ち上げ講演会時に市長、市議会議長、社会福祉協議会会
長をはじめ全党派の議員へ来賓案内を行い、講演内容も「地域から広がる
第三の居場所――新型コロナ禍の子ども達」と題し、コロナ禍で子どもた
ちに起こっていることを広く市民へ理解促進を図るとともにその反響を共
有する仕掛けとした。講演会当日は衆議院選挙の前日ということもあり当
初参加予定だった議員が不参加となるなどの想定外もあったが、市長およ
び議長が出席され、講演会の反響を肌で感じていただいた。

　こうしてネットワークは広がり続けており、いずれ「官」（行政機関）と
の協働も想定していた。そして、支援施策の設計に影響を与え、そのこと
を通して官民協働の支援の裾野を広げることを目指していた。

第3節　この章のまとめ

1．事業の評価および本章で明らかになったこと

　本章では、市域広域事業の1年目（フェーズ1）の実践についてまとめて
きた。「居場所の包括連携によるモデル地域づくり」および「みまもり事
業」について、「成果」と「今後の解決すべき課題」について掘り下げて
おきたい。
　まず、居場所の包括連携によるモデル地域づくりにおいて明らかになっ
た「成果」は以下である。
　第1に、本事業が社会や時代の要請に応える取り組みである点である。
新型コロナウイルスの感染が広がる中で支援の必要性は拡大し、実践領
域、研究領域でも試行錯誤が今まさに行われている。そこではセクターを

　超えていかに支援を広げることができるのかが問われており、多くの人たちがそこに問題意識を感じている。本取り組みはそこへ実践例を提示することにより社会の要請に応え、かつ実際に支援を広げた。ネットワークの多分野かつ予想外の広がりはそれを証明しているといえる。

　第2に、ネットワークに求心力と遠心力の両面の作用が生まれていることである。当初ネットワークは WAKWAK が意図して仕掛けたものであった。しかし、実際に生まれてからは参画団体から新たな団体へと声かけが生まれ、次第に団体間で困りごとの解決が生まれ始めるなどの効果が生まれてきた。このことは、勝見（2022）が述べる以下のことと重なる。

　　エコシステムが有効に機能するためには、理想や目標、理念などを共有しながら、強い結びつきを生む求心力と、各プレイヤーが自律的に動き、ネットワークが自己増殖し、拡張していく遠心力の両方が必要になる。

　ネットワークにはこれら求心力と遠心力の両面の作用により重層的な広がりが生まれている。

　第3に、民としての強みを最大限に活かした取り組みであることである。一般的に民の強みは即応性や機動力、柔軟性といわれる。当事業では発足して間もなくフードパントリーという実践をいち早く実施したが、仮にこれが行政施策だった場合には税金を執行する公平性や平等性の観点から、これほど早くに実践が生まれたとは考えにくい。コロナ禍における緊急的な食支援の必要性に対し、民だからこそ即応的に解決に動けたといえる。

　第4に、社会資源の循環と支援の継続性が生まれたことである。フードパントリーはその地域で長年地域活動を行う方が中心となって行った。このことにより支援者と受益者に顔の見える関係が生まれ、地域のほかの行事等でもそのつながりは継続する。そのような社会資源の循環と支援の継続性が生まれているといえる。

　第5に、学校と地縁組織との包括支援の萌芽が生まれた点である。今回の事例では、フードパントリーにおいて学校と地域組織との連携により

本当に必要な層へ支援が届いた。この包括支援の萌芽は他地域に広げる際にも有用だといえる。今回のケースでは、学校教員が連携へのハードルに風穴を開けることで現実化されたが、先にも厚労省の通知を紹介したように、省庁を超えた包括支援を目指す国の考えが現場にも浸透することが今後期待される。

　第6に、社会システムの変容の基盤が生まれた点である。本事業を通して分野を超えた多様なセクターのネットワークの広がりが生まれた。藤井(2021) はネットワークの構築にあたって以下のことが重要だと述べている。

> 社会的包摂の実践のためには、NPO、協同組合、労働組合、地縁組織等を含む市民社会組織、社会福祉協議会、教育機関、地域の商店街や中小企業を含む営利企業、地方自治体等の行政機関等との幅広いネットワークやパートナーシップを構築していくことが不可欠である。こうしたネットワークやパートナーシップが、様々な地域資源の動員や開発、事業場の連携、キャンペーンや政策提言等々を行う際の重要な基盤となるからである。(藤井 2021: 108)

　今回、ネットワークの構築にあたっては具体的な課題をもとにセクターを超えて多様な団体、個人のネットワーク化が進んだ。社会的包摂の実現に向けた社会システムの変容の基盤ができたといえる。

　次に「今後の解決すべき課題」を挙げたい。

　第1に「官民連携をいかに生み出すのかという点」である。当事業は当初より行政との官民連携モデルを生み出すことが目的であった。民によるネットワークが広がったうえで行政との連携をいかに生み出し官民連携を生み出していくのかが次の課題である。

　第2に「公助をいかに引き出すのかという点」である。コロナ禍において社会的不利を抱える層にさらなる不利がかかっているという状況から行われていた支援の特性上、民ができることと公ができることの双方が必要となる。つまり、「自助」、「共助」（ネットワークの動き）とともに「公助」（行政による公的支援）をいかに引き出すのか、また、それらをいかに有

機的につなげることができるのかが次の課題である。

第3に「包括支援の汎用性の難しさ」がある。富田地区においては地域と学校の包括連携の仕組みが、長年の運動や活動の成果により構築されてきた経過がある。それらは伝統がありできたことであり、それを地域外に広げることは難しい側面があった。なぜなら、多くの学校では学校外の地域の社会資源と連携する文化が浸透していないからである。今回のケースでは一教員が関わることにより本当に必要な層に支援が可能となったが、このような連携の必要性の共有や文化をいかに学校全体、地域全体に醸成できるのかが今後の課題である。

第4に「ネットワークにおける個別の思いの吸い上げの課題」がある。社会運動の流れの中では、自己利益が関係構築のために必要な大きな要素であることを述べた。ネットワーク会議においては、個別の思いの吸い上げを行ってきたもののまだまだ少なく、多様な機会を通じて個別の思いを吸い上げ「共通利益」へと集約していくことで、ネットワークの役割の明確化を図っていく必要がある。これらは、事務局サイドの動きと並行してネットワーク独自の動きを活性化していくための非常に重要なファクターである。

次にみまもり事業の実践から明らかになったことを、まずは「成果」から掘り下げておきたい。

それは第1に、当事業の仕組みが「官」「民」それぞれの強みを活かした連携の仕組みである点である。一般的に公的機関は信頼性と継続性という強みがある一方、民間は現場に即したきめ細やかな支援を行える柔軟性と機動力がある。当事業はそれら双方の強みを連携により補完して行う実践であるといえる。また、公的機関がNPOに対し個人情報を提供しかつ支援を行うというスキームは非常にめずらしいことから、先進性を持った取り組みでもある。

第2に、この事業が「虐待の防止・予防機能」を果たしている点である。先に「福祉の援助が十分に行き届かない中で、親子ともストレスが増大するため、家庭内暴力や子ども虐待のリスクが高まっている」という日本小児科学会が出したレポートを紹介した。実際の訪問では子育て相談を受けることも多数あり、孤立から起こりやすい虐待の未然の防止・予防機

能を果たしたといえる。

　第3に、この事業が「アウトリーチによる声なきSOSを見つける仕組み」となっている点である。コロナ禍により社会的不利を抱える家庭により一層の不利がかかる中、多様な支援が求められている。その際に行政の窓口へと自らアクセスできる層は支援が届きやすい。言い換えれば「助けて」と自ら声を出せる時点で助かる力を持っているともいえる。しかし、日本学術会議社会学委員会社会福祉学分科会の「社会的つながりが弱い人への支援のあり方について」でも社会的つながりの弱い人のニーズ特性として声を奪われ（VOICELESS）支援ニーズが表明できないと述べられているように、地域にはそうした声なきSOSが存在する。みまもり事業は、そうした声なきSOSへアウトリーチを通じてアクセスし、課題を発見する機能を果たしている。

　第4に、この事業を通して「社会資源への伴走支援」が生まれたことである。例えば日頃、「つどいの広場事業」の運営に関わるスタッフが、訪問を通じて自らが関わる「つどいの広場」を紹介し、訪問した家庭が広場につながるケースがあった。ほかにも訪問員自身の子どもに発達障がいがあり、その訪問員が発達障がいがある児童がいる家庭を訪問した際に、自身が利用している事業所を紹介できたケースなどもあった。一般的に自らが知らない場へ行くことにはハードルがある。支援ニーズを表明することが難しい人ほど、そのハードルは高い傾向がある。しかし、訪問を通じて関係者と顔がつながることで、安心してその社会資源を利用することが可能となった。そのことから当事業は、社会資源への伴走支援機能を果たしているといえる。

　第5に、当事業の人材発掘と育成を通じて、とりわけ社会的不利を抱える家庭への支援のノウハウを実践を通じ継承していることである。団塊の世代が数多く退職する昨今、教育・福祉分野においてもベテラン層のノウハウを次世代へ継承することは非常に難しい課題となっている。当事業では、長年支援に携わってきたメンターが若手の訪問員とともに「訪問（実践）、記録作成、振り返り、スーパーバイズ」を繰り返し行い、長年培ってきたノウハウを継承する仕組みとした。これらは、虐待や複合的な課題

を抱える家庭等の増加など、社会問題がより一層深刻化し支援困難ケースが増加する現在において、支援の裾野を広げる意味でも重要だといえる。

第6に、子育て層の社会参画を生み出した点である。当事業においては訪問員として市域全域から30人の保育士や子育て支援経験を有する子育て層の訪問員が生まれ、実践を通じた育成がなされた。また、研修や訪問時間を幼稚園の送迎の時間等に合わせたり、欠席者には研修動画を共有したり、子育て層が参加しやすい工夫を行った。総括において「この事業を通して社会に出る一歩を踏み出せた」という声もあったほか、保育士として市の施設へと就職がつながったケースもあった。これらは保育士等の担い手不足が全国で課題となる中、担い手を発掘し社会参画を生み出したといえる。

第7に、地縁組織が携わることによる担い手の循環と支援の継続性が生まれたことである。先に紹介した伴走支援も、地縁組織に関わるボランティアがいたからこそ生まれたことであった。また地域の社会資源につながりのあるボランティアの関わりを通して、支援の継続性が生まれることも重要である。これらは、多くの行政施策においてプロポーザルの際に大手企業へと発注するケースが増えている現在、地元に根づいた地縁組織が事業を行う意味にもつながる。

また、本章においては、長年にわたって富田地区において蓄積してきた社会的不利を抱える層へのアプローチをいかにして市域全域に汎用させたのかを明らかにすることを目的としたが、第3の「アウトリーチによる声なきSOSを見つける仕組み」、第5の「社会的不利を抱える家庭への支援のノウハウを実践を通じ継承」、第7の「地縁組織が携わることによる担い手の循環と支援の継続性」でまとめたことが市域にそのノウハウを広げたことである。

次に「今後の解決すべき課題」を挙げる。

第1に「アウトリーチを通した支援の充実化の課題」がある。当事業においては高槻市においても新規事業であり、かつ初年度の実施ということから、あくまで訪問を通じて家庭の状況を把握することに重点が置かれた。しかしながら、要支援家庭においては、食や学びの支援をはじめ社会

資源へのつなぎなど支援の充実化が求められていた。これらは2年目以降の事業の課題となった。

　第2に「人材育成における現場実践の少なさ」である。当事業においてはメンターと訪問員がペアとなり、訪問を行うことなどの実践を通して社会的不利を抱える家庭の支援のノウハウを継承してきた。しかしながら、訪問件数の全体数は260件であり、新たな訪問員が数多く集まったことで1人が訪問した件数は少ない回数であった。つまり、現場から学ぶことがそれほどできなかったといえる。実践の継承において現場経験は大きな意味を持つため、今後、当事業をはじめ多様な現場経験を提供する必要がある。

　第3に「要支援状況の可視化に未着手の課題」である。当事業の構想段階では、訪問においてアンケートを行い、大学等の研究者との協働により要支援状況を可視化することで、行政等へ公的支援の必要性について要望することを想定していた。しかしながら、個人情報保護や、高槻市にとって新規事業であることから仕様書に記載されている事項以外のこのような動きは難しく、未着手となった。要支援状況を可視化することは公的支援を生み出すエビデンスともなり重要なことであるため、当事業をはじめそれ以外の支援活動の中でいかにこういった調査を行っていくかも今後の課題となった。

　第4に「ネットワークとの連動の難しさ」があった。当事業の構想段階では、居場所の包括連携によるモデル地域づくり事業におけるネットワークと当事業を有機的に連動させることで、アウトリーチにより見出した要支援が必要な家庭に、ネットワークの参画団体が行う子ども食堂や学習支援等の社会資源をつなぐことを想定していた。しかしながら、こちらも先に挙げた仕様書に記載されている事項以外の動きであるため初年度から着手することは難しく、今後の課題となった。

　第5に「子育て層の育成の出口戦略の課題」がある。当事業においては子育て層より30人の参画があった。しかしながら、当事業は単年度契約事業であるため、子育て層から人材を発掘し、研修や実践を通して育成が図られても、当事業が終わればせっかくの人材との接点がなくなってし

まうことが課題であった。そのため、2 年目の事業につなぐ意図も含め訪問員事後研修なども行ったが、今後、当事業が終了したのちにもこのような人材が活躍できる場所をいかに発掘し、実際につなげていけるかが課題である。

2.　次の「実行」へ向けた現状の把握と分析

　「フェーズ 1」の居場所の包括連携によるモデル地域づくりの取り組みは、ネットワークの急速な拡大等に見られるように予想以上の広がりを見せたこと、また、食支援についてもいち早く即応的かつ柔軟に取り組めたことは大きな成果であった。みまもり事業においても、コロナ禍において孤立しがちな家庭にアウトリーチによって支援を届けるという画期的な取り組みであった。また、翌年は厚労省からの補助額が減ったものの、高槻市はこの実績をふまえて市の単費の支出を決定し実施継続を決めた。対象範囲についても初年度は 3 歳児から就学前までの未就園児としていたのを、2 年目の事業では 2 歳児から就学前までの未就園児へと広げた。
　一方で、課題も明確に見えた。当事業においては家庭を訪問し見守りを届けることで家庭状況の把握を行ってきた。しかし、次の課題として厚生労働省が当事業の趣旨として、①状況の把握および②食事の提供や③学習・生活指導支援等も提唱しているように、家庭の状況に合わせたさらなる支援の充実が求められていた。また、当事業を実施する中で比較的裕福で社会資源の選択ができる家庭と、一方で児童がヤングケアラーとなっている家庭や、生活に困窮していると思われる家庭という市内における格差の広がりも見えてきた。この状況に対しては「公助」としての制度化に向けた働きかけや、公が難しいことを「共助」として民の機動力と柔軟性を活かしていかに展開できるのか、そのような市域全域への官民連携の仕組み構築も課題となっていた。それらを 2 年目の実践「フェーズ 2」において試行することとなった。

第4章

高槻市域全域を対象とした
官民連携の仕組みの構築

市域広域包摂的なみまもり・つながり事業「フェーズ2」

　本章においては、先述した第3章「市域広域包摂的なみまもり・つな
がり事業フェーズ1」の計画、実行、評価およびそこから見出された成果
と課題をもとに、同事業の2年目となる「フェーズ2」について論じてい
く。

第1節　計画（planning）

　2年目（2022年度）の「フェーズ2」において「市域広域包摂的なみま
もり・つながり事業」（以下、市域広域事業）として行ったのは3事業であ
る。1つは「高槻市子どもみまもり・つながり訪問事業」（以下、みまもり事
業）（高槻市事業）、もう1つは「居場所の包括連携によるモデル地域づくり
（全国）事業」（認定NPO法人全国こども食堂支援センターむすびえ休眠預金事業）、
3つ目は厚生労働省「ひとり親等の子どもの食事等支援事業」（以下、ひと

り親等の子ども支援事業）である。これら3つの事業と連動する形で「フェーズ1」の際に課題となっていた官民連携の仕組みを生み出したのが、以下に述べる取り組みである。

第2節　実行（Action）

1. 高槻市子どもみまもり・つながり訪問事業（厚労省支援対象児童等見守り強化事業）

　みまもり事業の2年目、高槻市は対象者を前年度（2021年度）の3歳から就学前の未就園児から、2歳から就学前の未就園児へと拡大した。それに伴い訪問件数は2021年度の242件（対応総数268件）（表12）から677件（対応総数689件）に大幅に拡大した。また、2021年度は厚労省が予算の全額負担をしていたものを2022年度は減額したことから、高槻市も自らの単費を支出し実施することを決めた。市としても前年度の実績をふまえ、市の単費を捻出しても必要な事業と判断し実施したことになる。

表12　相談件数の種類と各件数　※個人情報保護のため詳細についての記載省略

相談の種類	主な対応	件数
基本的な生活習慣の習得支援や学習および生活支援について	児童の発達や障がい、トイレトレーニングの方法など子どもの成長における悩み事への対応や、保護者にとっての相談相手や機関、協力者やサポート体制の有無の確認など。	62件
地域の様々な支援事業へのつなぎ	つどいの広場やホームスタートへのつなぎ、訪問員による伴走支援、「地域から広がる第三の居場所アクションネットワーク」との連携による「市内子ども食堂等の居場所の一覧マップ」の配布や紹介、厚労省ひとり親等の子どもの食事等支援事業と連動した支援パックの配布など。	180件

　事業者は高槻市によるプロポーザルの結果、2021年度と同じく
WAKWAKおよびNPO法人SEANが受託することとなった。
　事業実施の際のメンター制などの基本的なスキームについては、前年度
の取り組みと変わらない。新たにWAKWAKとして、①市域全域の担い
手への働きかけと参画、②「地域から広がる第三の居場所アクションネッ
トワーク」と連動した社会資源へのつなぎ、③厚労省「ひとり親等の子ど
も支援事業」との連動による実施を行った。

(1) 市域全域への担い手の働きかけと参画

　市域広域事業は市域全域に包摂のネットワークを生み出すことが目的で
ある。そのことから、みまもり事業においても訪問の担い手となるスタッ
フの募集の際に、市域各地にあるつどいの広場に携わるスタッフへと働き
かけを行った。具体的には「つどいの広場」の運営を行うNPO法人の代
表者等に個別訪問し、趣旨説明を行い当事業への理解と参画の要請を行っ
た。結果、前章で述べたベテラン保育士等で構成される9人のメンターに
加え、子育て層を中心とする保育士等の36人が加わり、総勢45人の体制
で事業実施に至った。そして、WAKWAKを拠点に系統的な訪問員研修の
受講を行い、メンターとのペアによる訪問、その後の振り返りやSVなど、
実践と座学等を通じて様々な社会的不利を抱える家庭の支援ノウハウの継
承を行った。一連の実践からの学びを各地域のつどいの広場等にも広げ、
市域全域に支援の裾野を広げるためである。また、訪問を通じて要支援家
庭をつどいの広場等へつなぐ支援（家での孤立状態から一歩を踏み出すための支
援）も、各地のつどいの広場スタッフが携わることで、より可能になった。

(2)「地域から広がる第三の居場所アクションネットワーク」と連動した
　　社会資源へのつなぎ

　みまもり事業も2年目となったことで、高槻市へのプロポーザルの際
に、仕様書に記載のない独自の提案として「地域の様々な支援事業への

つなぎ」を新たに加えた。そこでは、「訪問家庭のニーズに応じて情報提供資料配布（つどいの広場等子育て情報）のほか『地域から広がる第三の居場所アクションネットワーク』との連携の中で市内の NPO 法人等が行う子どもの居場所等につなぐなど、支援が必要な家庭に対しネットワークを有機的につなぎ重層的な支援につなぐ」とした。そして、実際にネットワークに参画する子ども食堂や学習支援を行う運営者からの協力のもと、WAKWAK 事務局において市内の社会資源一覧をマップ化し、NPO 法人 SEAN の協力も得て市内全域の訪問家庭に対し配布、情報提供を行った。

(3) 厚労省「ひとり親等の子どもの食事等支援事業」との連動

「フェーズ２」においては、2021 年度の２事業に加えて厚労省がコロナ禍の緊急支援事業として行った「ひとり親等の子ども支援事業」の受託も行った。そして、みまもり事業、ネットワークとの３事業の連動により要支援家庭に対し食支援を行った。詳細についてはのちほど紹介するが、具体的には、食支援として日持ちのするごはんやレトルト食品等１家族 5,000 円分の支援パック約 4kg を、みまもり事業の訪問の際に必要な家庭へと配布した。これら(2)(3)で挙げた動きは当然ながら市の施策の範囲で行うため、高槻市の承認がなければ実施はできない。現に(2)の動きについては初年度に提案したものの、市からは実施は難しいとの判断があった。しかしながら、これらの官民連携を進めるために事業と並行して行った政治への働きかけなどが、官民連携を進めるきっかけとなった。それらの動きはのちに紹介する。

２．居場所の包括連携によるモデル地域づくり（全国）

(1) 地域から広がる第三の居場所アクションネットワークの活性化

分野を超えた包括的なネットワークとしてスタートした「地域から広が

る第三の居場所アクションネットワーク」も2年目を迎え、団体数の拡大と活性化が起こることとなった。

　回を重ねるごとにネットワークの参加団体、個人は広がり、当初の予想であった地域の子ども支援をはじめとするNPOや団体、学校関係、大学、企業、宗教関係者、医療関係者にも広がりを見せ、ネットワークは2022年11月5日時点で74団体、141人の登録数となった。

　また、ネットワーク内の団体間のコラボレーションによる取り組みも生まれ始めた。一例を出すと、ネットワーク参画団体である病院の理事長が子ども食堂や子ども文庫の活用のために小児科クリニックを整備。そのクリニックの2階で、他地域で活動するNPO法人が学習支援や読み聞かせを始めた。また、ほかにもネットワーク参画団体の自主企画による「キクカイ」（子ども食堂等の運営者の思いや活動についてじっくりと聴き交流するための会）の実施や、子どもの居場所を運営する団体と近隣の学生が中心となって運営する団体のコラボレーションによる「おかえり広場」（小学生や親子を対象とした遊びのイベント）の開催など、先に述べた事務局サイドのアクションを行っていく求心力とともに団体間の動きである遠心力が活発に働き始めた。

(2) 食支援の構築

　食支援の構築の動きとしては、2021年度に緊急性の高さから当初の予定を前倒しして実施したフードパントリーのサテライトの動きを継続しながら、並行して市内全域の子ども食堂に対して食材支援を行う仕組みを構築した。具体的には高槻市内の食品等のスーパーを運営する会社や寿司チェーン、ケーキ店、運輸会社、不動産会社、テニスガーデン等の経営者に個別であいさつに出向き、趣旨説明と協力を呼びかけた。そして、市内の子どもを対象に食支援を実施する団体（子ども食堂運営に限らない）を地図で4エリアに分け、複数の提供企業が月ごとの巡回で食材やお弁当の支援を行う仕組みを構築した。これらは企業の社会貢献として無償提供により行われた。今後、食支援に続き、企業の活動に子どもたちが参画する機

会を通して社会体験をする仕組みも構想されている。

3. 厚労省ひとり親等の子どもの食事等支援事業

　「フェーズ2」においては、2021年度の2事業に加えて厚労省がコロナ禍の緊急支援事業として行った「ひとり親等の子ども支援事業」の受託も行った。厚労省が提示した当事業の目的は以下の通りである。

　　新型コロナウイルス感染症の影響等により困窮するひとり親家庭を始めとした、要支援世帯の子ども等を対象に、食事や食品・食材・学用品・生活必需品の提供を行う子ども食堂や子ども宅食、フードパントリー等を実施する事業者に対して、広域的に運営支援、物資支援等の支援を行う民間団体の取り組みを支援することにより、子どもの貧困や孤独・孤立への緊急的な支援を行うことを目的とする。

　実施期間は2022年7月末から9月末までの夏休み期間とされた。これらは夏休みという長期休み期間にひとり親家庭や様々な社会的不利を抱える家庭の子どもたちが体重を減らしてしまうという全国的な状況に対し厚労省が緊急的に行った事業である。WAKWAKはその事業の受託に際し、「要支援家庭の声なきSOSを発見し地域支援の循環につなぐ事業」という事業名で以下の内容を概要とした。

　　コロナ禍で困窮する世帯の多いひとり親家庭や生活困窮家庭、福祉の援助が届きにくい家庭、海外ルーツの家庭など地域社会の中で制度から取りこぼれやすく、かつ社会的不利を被りやすい子どもを支援するため高槻市域全域（人口35万）を対象に、①公営住宅5エリアおよび②支援対象児童等見守り強化事業のアウトリーチを通して見えてきた要支援家庭を対象に食材配布活動を行う。また、各エリアごとで活動する子ども食堂運営者や地域・学校関係者と協働し実施することで当

　助成後も各地域において支援の継続性や地域支援の循環につなげることを目的とする。

　これは前年のみまもり事業の実施によって見えてきた市内における格差の課題に対し、生活困窮家庭をはじめとする社会的不利層を下支えすることが目的であった。そのため、福祉の援助が届きにくい家庭に対して3つのアプローチをもとに支援を実施した。具体的には食支援の構築の際に協力を得た食品等のスーパーを運営する会社にお米やレトルト食品等の日持ちのする非常食を1世帯当たり約5,000円分の支援パック約4kgとして227セット依頼した。その支援パックを、①高槻市内の公営住宅5エリアそれぞれで活動する子ども食堂等運営者との協働実施により配布した。また、②公営住宅を含まないエリアにおいても対象者は存在することから、ネットワークに参画する子ども支援団体に呼びかけ要支援家庭対象者のリストアップを依頼し、支援パックを各団体に届け、その団体から対象者へと届けた。さらに、③高槻市との協議の上、みまもり事業のアウトリーチの際に必要な家庭へ配布した。これら一連の支援を8月末から9月の中旬にかけて、ネットワークに参画する13団体の協力を得て実施した。WAKWAKという単セクターでは到底できないことを、子ども食堂の運営者や企業などセクターを超えた他団体と協働することにより、緊急的に支援が必要な状況に対して短期間でより広く支援を届けた。
　当事業はコロナ禍に加えて物価高等による困窮世帯のさらなる困窮を防ぐ必要性から、当初は夏休み期間を事業実施期間とされていたものが冬休み（2023年1月末）まで延長実施された。そのため、12月中旬にひとり親等の子ども支援のクリスマスバージョンとして、9団体からの協力を得て200セットの食材支援を、先に述べた同じスキームによって実施した。

4. 官民連携を生み出すための政治への働きかけ

　WAKWAKは事業を行いながらも、一方で「社会運動」としての働きかけ

を行うのが特徴である。居場所の包括連携によるモデル地域づくりに着手するうえで当初から最も難しいと想定されており、「フェーズ1」からの課題であったのが行政からの連携を引き出すことであった。

　ここでは、官民連携を生み出すための政治への働きかけについて、室田（2017）がコミュニティ・オーガナイジングの一形態として紹介する、経営学者メアリー・パーカー・フォレット（1995）による「パワーウィズ」（power with）と「パワーオーバー」（power over）の枠組みを用いて整理する。

　フォレットによると、「パワーウィズ」とは、権力への抵抗ではなく、自分たちの力を蓄える「協同（cooperative）の取り組みの中に生じる力関係である。当事者およびその関係者、協力者が自ら保持する資源や力を蓄え、開発し、それを活用する中に成立する関係性」である。

　一方「パワーオーバー」とは、当事者およびその関係者、協力者がある変化を求めるにもかかわらず、その変化を起こす力を自分たちが保持していないときに、その変化を起こすことができる権力者との間に成立する関係性を指している。

　同じく室田は、日本という文化において「パワーオーバー」の実践が馴染まないことを論じつつも、日本の政治機構の特徴として水面下での交渉が効果的であると論じている。

(1) パワーウィズ

　当実践を「社会運動性」の側面からこの2つの概念で振り返ると、これまでに述べた「地域から広がる第三の居場所アクションネットワーク」の創設やネットワークの運営、参画団体と連携したフードパントリーのサテライトや食支援の構築、厚労省ひとり親等の子ども支援事業などが「パワーウィズ」にあたる。

(2) パワーオーバー

　一方で当実践における官民連携を生み出すための「パワーオーバー」

は、まさに議員に対するロビー活動を通じた政治への働きかけによって行われた。

　実際には、プロジェクト座長と事務局長、スタッフとともに高槻市議会の議長、副議長をはじめ党派を超えた 13 人の議員へ個別挨拶および趣旨説明へと伺った。つまりロビー活動を行ったのである。また、その順番も高槻市政において与党を構成する議員団において議席数が多い政党を中心に働きかけを行った。高槻市議会は 33 人で構成されていることから、半数近くの議員へ伺ったことになる。多くの議員から「子ども支援については超党派で取り組むべき問題である」、「このようなネットワークの動きは重要である」という理解を得た。

　それらの動きが見えやすい形で表されたのが、高槻市議会 6 月議会における一般質問であった。6 月議会の一般質問においては 2 人の議員から「子ども食堂について」の項目が挙がった。1 人は普段の活動から深い関わりのある議員、もう 1 人はロビー活動を通じてお会いし、ネットワークの趣旨や子ども支援に共感され一般質問をされることとなった。うち 1 人に関しては、高槻市議会の中で最も議席を多く獲得している政党の所属であり、その政党の会派代表者であった。議員が所属しているのは与党か野党か、議席数は何議席あるのかということによって政治（行政）への影響力は大きく変わる。実際の一般質問では、①高槻市における子ども食堂への補助金制度等の取り組みの総括、②子ども食堂の支援拡大の要望や補助金の拡充といった市としての方向性、③子ども食堂に対する地域住民、コミュニティ、学校関係者、社会福祉協議会との連携の促進などについて、所管となる高槻市子ども未来部へと質問がなされた。その回答として高槻市は、①運営団体からの要望を受けて「高槻市子ども食堂補助金制度」の要件緩和を行ったこと、②においては民間によるネットワークが創られ、高槻市としても補助金の説明に出向いたこと、③については様々な関係機関と連携を図っていくことが答弁された。また、この一般質問では子ども食堂の意義が議員を通して伝えられたことも非常に大きかった。それは以下の内容であった。

子ども食堂は当初、親が働いていて1人で食事する子どもの利用が
多かったようですが、次第に親子での利用が増加し、今では地域の高
齢者や若者なども含めた幅広い世代の交流の場となるケースも増えて
いるそうで、地域のつながりを維持する役割も、子ども食堂は担って
いるといえる。

　これは日本全国で起こっている現象に対する子ども食堂の意義の再定義
である。一時期のメディア報道の影響から「子ども食堂＝貧困の子が行
く場所」というイメージが焼きついてしまった。しかしながら日本全国で
現在7,331か所[19]と広がっている子ども食堂の多くは子どもから高齢者の
世代交流の場であり、地域活性化のための場である。したがって事実とイ
メージが乖離していることになる。そこから起こる弊害として、子ども食
堂の開設に際し地元住民から「自らの地域が貧困地域と思われたくないの
でやめてもらいたい」という反発が全国で起こっており、高槻においても
それは同様であった。実際に高槻北部地域において有志が集まり子ども食
堂を始めようとしたところ、その地域を担当する民生委員・児童委員の反
対を受け頓挫してしまった。この子ども食堂の意義の再定義はそのような
ことに対し、高槻市政が子ども食堂の意義を改めて位置づけるための投げ
かけであった。高槻市政の中で最も影響力のある議員団の代表者が一般質
問をしたことは非常に大きなインパクトがあった。
　これらロビー活動を行うタイミングも重要である。高槻市においては
市長選、市議会議員選挙が通常4年に1回、4月に行われ、2023年4月
に予定されていた。したがって、選挙前年の当時は市長として（市政とし
て）、多くの議員からの賛同や選挙協力をいかに得られるか、選挙に打ち
出す市政の次の方針としてどのような内容を出すのかに意識を向けると
きである。そして、秋には各行政の所管課で予算要求がなされ、年明けに
は大枠の予算が組まれる。まさにそのタイミングに合わせてロビー活動を
行った。
　これら個別の議員に対するロビー活動という政治への働きかけと、一般
質問等の動きが官民連携を3つの点で飛躍的に進めた。それは、①市の

事業における民間と行政の連携の促進、②学校と子ども食堂との連携の促進、③ネットワークに対する市の補助金説明会の実施であった。

　①については先に述べた通り、みまもり事業における市域の子ども食堂や学習支援等の場の情報提供、厚労省ひとり親等の子ども支援事業における支援パックの配布が実現したことである。これは一見すれば簡単なようで実は難しい。というのも行政からの業務受託の際には委託内容の詳細が書かれた「仕様書」が存在する。そして、行政の業務はその特性として、そこに記載されたこと以外のことを行うのは非常に難しい。つまり、みまもり事業においてアウトリーチにより家庭への見守りを行うことは必須条件であったものの、民間の社会資源につなぐことについてはそれほど重要視されていなかった。民間の子ども食堂等につなぐということになると、行政の別の特性である「公平性」「平等性」という観点から一民間を紹介するということに対し懸念が生まれるからである。当初、市に提案しても難しかったこれらの連携がロビー活動等による働きかけの結果進むこととなった。

　②学校と子ども食堂との連携の促進については、WAKWAK が子ども食堂の開設支援に関わったある地区の子ども食堂のケースが発端となった。その子ども食堂ではいかに子どもたちに広報を行うかを悩んでおり、著者は運営者、ネットワーク座長とともに子ども食堂がある当該地区の学校長を訪ねた。そして、子ども食堂開催のちらしを全児童に配布いただくことの協力を得ることができた。その際にある地元の議員が市の教育委員会へとその旨を一報されたことで、連携がスムーズにいくこととなった。多くの子ども食堂運営者にとって、行政や学校と連携が取れないことが大きな課題となっている。それに対し市政と市民をつなぐ役割の議員が動くことで円滑に連携が生まれることとなった。

　③ネットワークに対する市の補助金説明会の実施においては、ネットワーク会議において高槻市の子ども食堂補助金制度を所管する子ども未来部の課長および副主幹を制度の説明に招いた。それらの動きは先に紹介した議会答弁においても説明され、ネットワークは民間による任意の団体であるものの、市と連携していく存在として認識されることとなった。

5.　公助の前進

(1) 公助の前進

　先述した通り、実践と並行して社会運動の動きにより公助への働きかけを行ってきた。とりわけ高槻市が市内における子ども食堂の運営支援を行うために創設した「高槻市子ども食堂運営支援事業補助金」の要件緩和や市内の子ども食堂等への制度の周知、高槻市へのつなぎを行ってきた。結果、補助金創設当初、10団体分の予算中1団体申請（WAKWAKのみ）だったものが、2021年度は4件、2022年度に関しては11件が申請、採択され、補助金を受けることとなった。また、市として2023年度予算要求時に10団体分の予算を超えた11件分の予算を申請されることとなった。この事業は創設当初より大阪府からの全額補助を用い、市として団体に補助を出していた。その状況へ市の単費を新たに出すことを決めたことになる。つまり市として子ども食堂をはじめ子どもの居場所づくり事業に対してその必要性を認め、かつ主体的に関わることを決めたということでもある。

(2) 今後の動き──フェーズ3に向けて

　ネットワーク団体数も食支援数も当初の想定より大幅に上回ることとなり、前章の「社会的インパクト評価」で示した量的目標を大きく超える見込みとなった。そのことから事業の2年目を経過した時点で量的目標におけるネットワーク団体数（初期目標値20団体を80団体に）、食支援数（初期目標値6,000食を1万8,000食に）、地域支援に携わる大学生・子育て層の人材（初期目標値130人を165人に）のいずれも上方修正した。

第 3 節　この章のまとめ

1．事業の評価および本章で明らかになったこと

　本章では、市域広域事業「フェーズ 2」において「居場所の包括連携によるモデル地域づくり」、「みまもり事業」、「厚労省ひとり親等の子ども支援事業」のそれぞれの事業実践および社会運動を通じた 3 事業が連動した市域の官民連携の仕組み構築について、その生成のプロセスを述べてきた。

　小括として、ここで明らかになったことを「成果」および「今後の解決すべき課題」の両面から掘り下げておきたい。

　まず「成果」として、第 1 に、一つひとつ独立した事業を市域全域を対象エリアとし有機的につなぐことで「支援の仕組み」として構築している点である。ここでは、WAKWAK のような民間による社会資源の開発を通して生み出された事業、高槻市によるみまもり事業や厚労省によるひとり親等の子ども支援事業などの公的事業を相互に連動させることで「支援の仕組み」として生み出した。

　第 2 として、「支援の仕組み」を「包摂の仕組み」として機能させている点である。ここでは、市内におけるとりわけ社会的不利を抱える層や要支援家庭にいかに支援を届けるかに着目し、実際にアクセスし、支援を届けている。これらの動きは社会的弱者を取りこぼさない仕組み、つまり「包摂の仕組み」として機能している。

　第 3 に、みまもり事業のアウトリーチのスキームを使うことで要支援家庭にアクセスし、かつネットワークや厚労省ひとり親等の子ども支援事業を有機的に連動させることで、支援家庭に子ども食堂等の社会資源の情報や食材支援等の具体的支援を届けている点である。

　第 4 に、ネットワークがエコシステムに発展かつ機能している点である。エコシステムとはもともと生態系を意味する言葉で、転じて団体間の

協働やイノベーションが起こる仕組みのことをいう。ネットワークの初期段階では顔合わせを行い、団体間が見える関係となった。次の段階としてそれぞれの思いを共有する場を重ねることにより深いつながりが生まれ、そのことからネットワーク全体としての動きとともに団体間の自然発生的な協働も生まれた。これらの動きから、ネットワークが独自のエコシステムとして発展かつ機能しているといえる。

　第5にネットワークによる団体や個人の組織化と並行して、社会運動として政治への働きかけを通じて行政との連携、つまり官民連携を生み出した点である。一般的に行政は「個人」が動くだけではなかなか動かない。その状況に対し74団体141人という組織化を通じてパワーを生み出し、政治へ働きかけることで、行政を動かした。

　第6に公助の前進を生み出した点である。社会運動による政治への働きかけを通じて市議会において議論が上がり、結果、市内の子ども食堂に対する補助金の要件が緩和され、それにより申請団体が増えた。市民側の働きかけを通じた「公助の前進」を生み出したといえる。

　第7に子ども食堂等の持続可能性に寄与した点である。全国的においても同市においても子ども食堂の運営は小規模のものが多く、財源確保が難しい課題となっている。それらの状況に対し公助をよりよく前進させることで持続可能性に寄与した。

　次に「今後の解決すべき課題」を挙げる。

　第1に「子ども分野への特化の解消」が挙げられる。居場所の包括連携によるモデル地域づくり事業は構想段階において、子ども分野のみならず、障がい分野、高齢分野、外国人支援分野等、居場所の包括的な連携を構想していた。それらに対しネットワークの初期段階からすべての分野を支援しようとすると範囲が広がりすぎ、まとまりが難しいことから子ども分野へ重点化してスタートを切った。しかしながら、今後は多様な分野に支援を広げていき、地域のセーフティーネットとしての動きをより充実化していく必要がある。

　第2に「具体的支援を優先することによる未着手事案」が挙げられる。当事業においてはコロナ禍の支援の必要性から、その緊急性が高い食支援

を前倒しして実施し、かつ支援を広げてきた。そのことにより当初想定していた研究者との協働による要支援状況の可視化は未着手であり、公教育における ESD の実施についても目標には達していない状況である。

　第 3 に「協働先の確立と分担」が挙げられる。当事業はコロナ禍の支援の必要性から WAKWAK が実践を先行する形で行ってきた。また、協働先として高槻市における公益活動を促進かつ支援する協働プラザとともに行ってきた。本来、協働プラザやその他の公的な団体が担う必要のある事業についても WAKWAK が先行的に行ってきた。今後の実施においては、本来的な事業の意味をふまえ、協働先の確立と分担、必要に応じた事業の継承なども検討してく必要がある。

　第 4 に「公的支援への移行」が挙げられる。当事業は、コロナ禍における緊急性の高さから休眠預金という年限が限られた助成期間の中で極めて公的支援に近い支援を実践先行的に行ってきた。しかしながら、民間資金によって長期間にわたって行っていくことは非常に困難であり、本来公助で行うべきことを民間が行い続けることも「公助」の役割を失わせることから好ましくない。したがって、このような支援の必要性が高まれば高まるほど、事業に対する公的資金をはじめとするバックアップを得ていく必要がある。その意味で、要支援状況の可視化や社会運動を通じてそのような機運をいかに生み出してゆけるのかも今後の課題である。

2. 次の「実行」へ向けた現状の把握と分析

　「フェーズ 1・2」の居場所の包括連携によるモデル地域づくりの取り組みは、ネットワークの予想以上の広がりと着実な拡大を見せたこと、また、食支援についてもいち早く即応的かつ柔軟に取り組めたこと、そして官民連携を進められたことは大きな成果であった。みまもり事業においても、コロナ禍において孤立しがちな家庭にアウトリーチによって支援を届けるという高槻市が創設した画期的な取り組みであった。

　一方で、課題も見えた。コロナ禍の影響で当事業の立ち上げ当初は学校

や公的機関の閉鎖、子どもの居場所等の活動制限などによる「孤独や孤立」の深刻化という社会状況が見られ、その後「新生活様式」の中で活動の再開が徐々に見られるようになった。そのような社会状況に合わせ、次の段階として孤独・孤立している子どもをはじめとした住民と社会資源との「つながりの創発」、かつ民と民、官と民の協働による「支援の重層化」の動きが必要となっていた。また、市域全域でのネットワーク化が一定程度確立され、食支援等の動きも活発化されていく中で、次の動きとして地域ごと（小学校区単位）での「包括支援」の仕組みづくりをどう生み出していくのかが課題となっていた。

　それらを3年目の実践「フェーズ3」において試行することとなった。

第5章

高槻市域全域を対象とした
包摂型モデルの形成

市域広域包摂的なみまもり・つながり事業「フェーズ3」

　本章においては、第4章「市域広域包摂的なみまもり・つながり事業フェーズ2」の計画、実行、評価およびそこから見出された成果と課題をもとに、同事業の3年目となる「フェーズ3」について論じていく。

第1節　計画 (planning)

　3年目（2023年度）の「フェーズ3」において、市域広域包摂的なみまもり・つながり事業（以下、市域広域事業）として行ったのは3事業である。1つ目は「高槻市子どもみまもり・つながり訪問事業」（以下、みまもり事業）（高槻市事業）、2つ目は「居場所の包括連携によるモデル地域づくり（全国）事業」（認定NPO法人全国こども食堂支援センターむすびえ休眠預金事業）、3つ目は子ども家庭庁「ひとり親等の子どもの食事等支援事業」（以下、ひとり親等の子ども支援事業）である。これら3つの事業と連動する形で民と民、

官と民の連携の仕組みを生み出したのが、以下から述べる取り組みである。

第2節　実行（Action）

1. 高槻市子どもみまもり・つながり訪問事業（厚労省支援対象児童等見守り強化事業）

　1つ目の事業であるみまもり事業は、コロナ禍の影響を受け厚生労働省が創設した「支援対象児童等見守り強化事業」を用いて高槻市が創設した事業である。当事業は2022年4月25日付で「厚生労働省子ども家庭局虐待防止対策推進室」において、コロナ禍における緊急支援事業の位置づけから通常事業へと移行する中で、当初の目的を改訂し以下を新たな目的とした。

　　家庭環境の変化等による児童虐待のリスクの高まりを踏まえ、民間団体等と連携して、要保護児童対策地域協議会の支援対象児童等として登録されている子ども等の居宅を訪問するなどし、状況の把握や食事の提供、学習・生活指導支援等を通じたこどもの見守り体制の強化を図ることや、新たな地域における見守りの担い手としてのNPO法人等の重要性にかんがみ、クーポン・バウチャー等の活動による学習塾、習い事、子育て支援サービスなどの地域の多様な事業主体と連携した要支援児童家庭の新たな見守り強化モデルの確立を目指すことを目的とする。

　みまもり事業の3年目、高槻市は個別訪問対象を前年度（2022年度）と同じく2歳から就学前の未就園児と設定した。そして、事業者は高槻市によるプロポーザルの結果、これまでと同じくWAKWAKおよびNPO法人SEANが受託することとなり、当法人が担当する訪問件数は565件となった。

　事業実施の際のメンター制などの基本的なスキームについては前年度より変わらない。一方でこの取り組みは国（子ども家庭庁）およびメディア等を通じて外部からの評価を受けることとなった。それは、「未就園児等の把握と支援のためのアウトリーチのあり方」という視点からである。

　2022 年 3 月時点で全国において、「支援対象児童等見守り強化事業」を交付申請し実施を行ったのは 41 都道府県、128 市区町村、282 か所と報告されている。そのうち 30 か所を占める大阪府において未就園児のアウトリーチ（全戸訪問）という実施方法を行っているのは高槻市のみであり、全国的にもこのような事例は非常に少ない。そこには、市区町村がアウトリーチの有効性を把握しながらも、当該市区町村の NPO で実際に訪問をする際に専門性のある訪問員を多く配置することの困難さや、個人情報の取り扱い等の課題があると考えられる。

　2022 年 1 月に開かれた第 208 回通常国会の中で成立した「こども政策の新たな推進体制に関する基本方針」（2021 年 12 月 21 日閣議決定）に基づく「こども家庭庁設置法」および「こども家庭庁設置法の施行に伴う関係法律の整備に関する法律」では、「子ども政策の新たな推進体制に関する基本方針のポイント〜こどもまんなか社会を目指すこども家庭庁の創設〜」（内閣官房）の項目において「待ちの支援から、予防的な関わりを強化するとともに、必要なこども・家庭に支援が確実に届くようプッシュ型支援、アウトリーチ支援に転換」が謳われている。

　つまり、コロナ禍の影響で孤独・孤立がより一層深刻化し、地域に潜在する「助けて」という声が出せない「声なき SOS」が増加していること、それらの課題を発見し支援を届ける際にはアウトリーチが有効な策の 1 つであるということである。

　そのような背景のもと、2023 年 3 月に子ども家庭庁から発行された「未就園児等の把握、支援のためのアウトリーチの在り方に関する調査研究報告書」において高槻市における協働の事例がモデル事業として掲載されることとなった。

　また、みまもり事業は虐待等を予防するための支援方策の 1 つとして NHK からの取材を 2 度受け、放映[20] されることとなった。

2. 居場所の包括連携によるモデル地域づくり（全国）

(1) アクションネットワークのエコシステム化

　分野を超えた包括的なネットワークとしてスタートした「地域から広がる第三の居場所アクションネットワーク」も3年目を迎え、団体数の拡大と各団体間におけるコラボレーションの創出などの活性化が起こることとなった。

　回を重ねるごとにネットワークの参加団体、個人は広がり、当初の予想であった地域の子ども支援をはじめとするNPOや団体、学校関係、大学、企業に加え、宗教関係者、医療関係者にも広がりを見せ、ネットワークは2023年12月1日時点で81団体151人の登録数となった。

　そして、ネットワークのあり方は、①設立当初の事務局の牽引によるネットワーク化、②プラットフォーム化を経て、③独自のエコシステムとして機能することとなった。

ⅰ．事務局の牽引によるネットワーク化

　ネットワークは2021年の10月に準備会として立ち上がった。その前段では、ネットワークの座長やSV、協働事務局の選定をはじめ、WAKWAKがネットワークの基礎となる組織形態を構想し、事務局が個別に趣旨説明と協力要請に回った。その後、それぞれから協力の承諾を得たのちに10月末に準備会を立ち上げ、11月に正式発足を迎えた。また、名称も「アクションネットワーク」と名づけ、趣旨、会の3つの機能、方向性、具体的な動きをそこに集まった関係者と協議しながら決定していった。また、ネットワークが協議体という機能のみにならないよう、市内における社会的不利益層の一層の不利を鑑み、当初の予定より前倒しして「フードパントリーサテライト」を構想しネットワーク団体との協働のもと市内各所で実施を始めた。これらは事務局の牽引によるネットワーク化の動きである。

ⅱ．プラットフォーム化

　ネットワークも回を重ねる中で、関係者にこの場が目指すものはどんなことで、どんなメンバーのもと、どのように運営を行っていくのかということが次第に浸透し始めた。また、毎回のネットワークの会においてそれぞれの思いを共有する場や分かちあう場を丁寧に設けていた。単に情報共有だけではない団体間のより深いつながりを生み出すためである。そうすると、会を経るごとにネットワークそのものが団体間の新たなつながりの創出や互いの情報共有を行うためのプラットフォームの機能を有してくることとなった。ネットワークを通して高槻市内において個別で活動をしながらも互いにつながっていなかった団体同士のつながりや、互いの活動の共有や見学が行われるようになった。

ⅲ．独自のエコシステムとしての機能

　さらに事業が 3 年目を経るころには、ネットワークはエコシステムとしての機能を持つようになった。エコシステムとは団体間の協働やイノベーションが起こる仕組みのことをいう。ネットワークの初期段階における顔合わせを経て、それぞれの思いを共有する場を重ねることにより深いつながりが生まれ、そのことからネットワーク全体としての動きとともに団体間の自然発生的な協働も生まれ始めるようになった。一例を挙げると、高槻の北エリアで活動する NPO 法人三島子ども文化ステーションが中心となったおかえり広場の新設の動きがある。これは当団体がつどいの広場を長年運営する中で、その場を卒業した親子が帰ってこられる場所として生み出した取り組みである。当初は当団体の単独の企画として始めたものの、会を重ねる中でネットワークに参画した同じエリアの活動者であるほかの団体や大学との協働が実現し、次年度は月 1 回の開催を予定するまでに広がった。

　もう 1 つの例を挙げると、桜台小学校区エリア（以下、桜台エリア）における子どものための居場所の相次ぐ新設の動きがある。このエリアには当初、医療関係者が中心となって子どもの居場所を創りたいとの事務局への申し出があり携わることとなった。当初、民間の子どもの居場所が当該地

区において1つあっただけだったが、3年目には6か所に次々と開設されることとなった。これらはのちに述べる包括支援のネットワークづくりの基盤となった。ほかにもネットワーク参画団体の自主企画による「キクカイ」（子ども食堂等の運営者の思いや活動についてじっくりと聴き交流するための会）の実施や富田地区における子どもの居場所の開設なども生み出されていった。こうして表13で示したように、段階を経ながら会における参加者同士での刺激やノウハウの学び、多団体の協力などが生まれることにより、市内各所で新たな居場所創設の動きやコラボレーション企画の動きなど、ネットワークが独自のエコシステムとしての機能を持つようになった。

表13　ネットワークの段階の変容

ネットワークの段階	段階における状態
事務局の牽引による ネットワーク化	事務局が会の趣旨、方針、アクションなどを打ち出し場を形作っていく段階
プラットフォーム機能化	会のコンセプトが共有され参画団体間相互のつながり、情報共有がはかられている段階
独自のエコシステム機能化	参画団体間で独自の企画やコラボレーションが自然発生的に生まれている段階

　これらのネットワークの機能を生み出していく際には、それを企画・運営する事務局サイドのその都度の見立てと力のかけ具合が大きく左右する。
　その1つは「求心力」と「遠心力」のバランスである。先に紹介した勝見（2022）はこのことについて以下のように述べている。

　　エコシステムが有効に機能するためには、理想や目標、理念などを共有しながら、強い結びつきを生む求心力と、各プレイヤーが自律的に動き、ネットワークが自己増殖し、拡張していく遠心力の両方が必要になる。

　団体設立当初は、ネットワークを形づくるために「求心力」を持って事務局が牽引した。会の立ち上げにあたって、事業構想の背景となったコロナ禍における社会的不利を抱える子どもや家庭の不利な状況、なぜネットワークを生み出そうとするのかという趣旨の共有など、協議体のみにしないよう事務局が具体的な動きを率先して行うことでこの場が何を目指し、どんなことを行おうとするのかを実践をもって示した。そして、ある程度ネットワークの場が安定して運営されていくようになると、個別団体の活動が活発に動き出すよう、つまり「遠心力」が働くよう、会の冒頭で新たな活動を始めた団体から発表を積極的に行ってもらえるよう会の進め方を軌道修正した。そうすることで、その他の場所でも「やってみよう」という機運や団体間の刺激を生み出し、事務局がすべてを動かしていく場ではなく、それぞれの団体が主体的に動き出す場のあり方を創り出した。そもそも市内において活発に活動をしている団体や、コロナ禍で「何かをしたい」「何かしないといけない」と考えている団体が数多く集まっており、その団体同士がつながりあうことで様々な企画が生まれ始めた。

　この「求心力」と「遠心力」は常にバランスである。仮に「遠心力」が活発になったとしても、ある段階が来ればまた停滞が起こり始める。そうなる直前のタイミングで、事務局として新たな方向性を打ち出し「求心力」を吹き込むことが必要となる。その意味で、ネットワークはそれを底で担う事務局が常に現状を把握しながら見立てを行い、力を加えていくバランスを見極め働きかけを行っていくことで活性化し続けていくことができる。

(2) 小地域包括支援ネットワーク構築

　市域全域を対象としたネットワークが順調に動き出したことを受け、事務局として次の仕掛けを打ち出すこととした。

　それは市域全域を対象としたネットワークの動きに並行して、小・中学校区を単位とした小地域の包括支援ネットワークを構築する試みである。それは先に紹介した桜台エリアにおける居場所の開設等の動きの活性化を

受けて着想したものであり、富田地区において長年行ってきた取り組みを校区単位でつくり、それを市域全域へと波及させるためのチャレンジでもあった。

　高槻市富田地区においては長年の解放運動の成果もあり、地域に「社会的弱者を見捨てない」という文化が根づいている。それらをベースに地域・家庭・学校・行政が長年連携をしてきた土壌（伝統）があり、それらがもととなって社会的不利を抱える子どもや家庭を支える包括支援のネットワークを築くことができている。これらセクターを超えた包括支援の仕組みは、現在の子ども・家庭支援において非常に重要な支援の方法である。しかしながら、理念としては国をはじめ様々な場において包括支援の必要性が謳われているものの、実際にはそのセクターを超えた連携、とりわけ民間と行政や学校との連携が全国的にも難しいといわれて久しい。それは高槻市においても例外ではなかった。そのため、この「富田においてできてきたこと」をいかに他地域にも汎用させるのかはWAKWAKにとってチャレンジングな試みであった。一方で桜台エリアであれば実現できるという可能性も見えた。

　桜台エリアにおいては当初、偶然にも同時期に、事務局に子ども食堂の開設に向けた高齢者施設からの相談と、医療関係者からも子どもの居場所を創りたいとの申し出があり携わることとなった。また、さらに別の医療関係者からは子ども文庫を創りたいとの申し出があり参画することとなった。当時、民間の子どもの居場所が当該地区において１つしかなかったが、新たに医療クリニック内において「子ども食堂」がスタートした。また、ネットワーク参画団体である病院の理事長が子ども食堂や子ども文庫の活用のために小児科クリニックを整備し、そのクリニックの２階において他地域で活動するNPO法人が学習支援の場を始めたり、医療関係者が中心となった子ども文庫の取り組みや読み聞かせの企画が始まったりと、６か所に次々と居場所開設がなされることとなった。また、子ども食堂の実施時には当該地区の民生委員・児童委員や、当該地区を地盤とする市議会議員が来られ、非常に熱心に見学をされていた。さらに、偶然ではあるが当該中学校区の教職員対象の研修講師依頼がWAKWAKにあり、

コロナ禍における子どもの貧困をはじめ社会的不利を抱える子どもや家庭
の状況や、それに対する市域全体や桜台エリアにおける子どもの居場所の
動きについて共有する機会があった。それらの個々のセクターの動きから
感じとったのは、医療、子ども食堂団体、民生委員等の地縁団体、学校、
市議会と、それぞれに所属するセクターは違えど、「社会的に不利を抱え
る子どもや家庭を支えたい」という思いや願いが共通していることであっ
た。そこには、市内においても公営住宅を多数抱え、長年社会的不利を抱
える子どもから高齢者までの住民をいかに支えていくのかという課題と向
きあってきた桜台エリアの伝統や文化が背景にあった。

　こういった背景をもとに小地域の包括支援ネットワークの構築に向けて
着手することとした。

　ここではまず、WAKWAK と関係者で分担し、個別につながってきた団
体それぞれに趣旨説明し、関係者が一堂に会す場を設けた。そして、同じ
エリアながらも実は相互につながっていなかった関係者の顔合わせと、
各団体の活動の状況や様子を共有する場を定期的に持つこととした。当
初は医療関係者、子ども食堂運営者でスタートした会に、回を重ねるごと
に民生委員・児童委員、社会福祉協議会のコミュニティ・ソーシャルワー
カー、小学校の校長先生とメンバーを広げていった。そこでは、支援にお
ける様々なエピソードが生まれた。それまでは子どもたちが学校から子ど
も食堂に参加するために遠回りをしなければならなかったが、近道とな
る道の所有者である病院の理事長が来られていたことで即解決に至った
り、「子どもたちが側溝にはまってしまうのが怖い」という声が上がった
際に、先に紹介した市議会議員が市役所へと相談し、その場が舗装された
りと、関係者間の顔がつながることで様々な課題が解決に至ることとなっ
た。また、広報においても民生委員・児童委員から地区内の地縁組織の
方々へ子どもの居場所の様子が伝えられる機会の創出や、小学校の校長の
参加により子ども食堂や居場所のチラシを全児童へ配布できたり、校区内
の居場所リストを学校のホームページへ掲載できることになったりした。

　これらは会議体を設けたことにより団体間の顔の見える関係性と情報
共有が生まれた結果の産物でもある。ただそれ以上に、セクターを超えて

「この地域のために」と日々活動する関係者の思いや願いを伴った行動が相互に重なることで生み出されたものである。

3. 子ども家庭庁「ひとり親等の子どもの食事等支援事業」

　「フェーズ3」においては、2022年度に厚労省がコロナ禍の緊急支援事業として創設した「ひとり親等の子ども支援事業」を、前年度に引き続き中間支援組織であるむすびえから受託した。当事業は2022年度までは厚労省が所管であったが、子ども家庭庁の創設により子ども家庭庁へと移管された。基本的なスキームについては前年度と変わらない。前年度からの変更点として、前年度はお米やレトルト食品等の非常食として1世帯当たり約5,000円分の支援パック約4kgの配布を行ってきたものを、2023年度は食材および生活用品（洗剤やシャンプー、歯ブラシなど）や学用品（鉛筆やノートなど）の配布に変更した。

　そして、困窮する世帯の多いひとり親家庭や生活困窮家庭、福祉の援助が届きにくい家庭、海外ルーツの家庭などの社会的不利を被りやすい子どもや家庭に確実にアクセスするため、①公営住宅5エリアおよび②ネットワーク団体を通じたひとり親家庭等、③支援対象児童等見守り強化事業のアウトリーチを通して見えてきた要支援家庭を対象に、食材、生活用品、学用品の配布を行うことでアプローチした。

4. 官民連携を生み出すための政治への働きかけ

　WAKWAKは事業を行いながらも、一方で「社会運動」としての働きかけを行うのが特徴である。前年度の取り組みとして、室田（2017）がコミュニティ・オーガナイジングの一形態として紹介した「パワーウィズ」（power with）と「パワーオーバー」（power over）の枠組みを用いて、政治への働きかけについて整理した。具体的には高槻市議会の党派を超えた議

員へのロビー活動と、その成果の 1 つとしての高槻市議会における一般
質問と公助の前進である。

　その後、市議会議員と WAKWAK のつながりを活かし、WAKWAK の機
関紙で市域全域の動きを掲載した報告や、フェイスブックやインスタグラ
ム等 SNS で日々のネットワークにおける活動の発信、様々なイベントで
市議会議員にお会いした際の状況報告などを通して、ネットワークの活動
の裾野の広がりや必要性について共有を図った。こうした日々の活動の積
み重ねと、ネットワークの取り組みによる時間をかけた理解の浸透が重要
であり、それら日々の動きの積み重ねと政策提言や制度の要件緩和を目指
すソーシャル・アクションのバランスが次の段階として必要となっている。

　さらに今後を見据えた際、居場所の包括連携による地域づくりを持続的
にしていくうえで、民と民、官と民の連携による「自助・共助・公助」の
バランスをいかに生み出していくのかも課題である。

　これまでに述べてきたネットワークの創設やネットワーク主導の食支援
をはじめとする動きなどは、ここでいう共助の動きである。これらの動き
はコロナ禍における支援の緊急性の高さから、年限がある休眠預金事業に
よるプロジェクトとして実践を行ってきた。しかしながら、これらの支援
を持続的なものとしていくために、本来「公助」で行う必要があるものを
いかに公助に移行していくのかということも課題である。一方で仮にネッ
トワークなどによる実践が何ら生み出されていない段階で「公助」の必要
性だけを振りかざしたとしても、現実に支援方策は生まれることはなかっ
ただろうことは容易に想像できる。

　言い換えれば、NPO の即応性や柔軟性を最大限に活かしてミクロレベ
ルで事業の実践を創り、メゾレベルで地域、家庭、学校、行政、大学、企
業等地域の様々なアクターを巻き込みながらセクター間の共創・連携を行
い、最終的にマクロレベルで制度変革や官民連携の促進への働きかけを行
うという一連の流れを通して市域全域における民と民、官と民による居場
所の包括連携モデルが形作られてきた。当事業は今後も継続していくもの
の、休眠預金事業としての枠組みは一区切りを迎える。

　つまり、「求心力」となる次の画（事業構想）が必要なタイミングにきている。

5. 創出された官民連携のモデル

(1) 創出されたモデルと社会的インパクト

　これら 2021 年度の市域広域事業の創設から 2024 年 2 月までの時点で生まれた官民連携のモデル（図2）およびその実践により集計した社会的インパクトは表 14 の通りである。

● 高槻市子どもみまもりつながり訪問事業（厚労省支援対象児童見守り等強化事業）　　　● むすびえ休眠預金事業「居場所の包括連携によるモデル地域づくり（全国）」

政策提言
（行政との協議、党派を超えた議員ロビー活動）

全国発信
（論文・書籍・メディア等）

こども食堂

地域から広がる第三の居場所アクションネットワーク
市内で活動する子ども食堂やフードパントリー、無料学習塾への支援やNPOや企業等と連携した社会体験の場のつなぎ
参画団体 82団体 152人
（地域・NPO・学校・大学・行政・企業・医療ほか）

● 厚労省ひとり親等の子どもの食事等支援事業
（要支援家庭の支援、制度からこぼれやすい層の下支え）

要保護児童対策地域協議会

子どもの居宅等
高槻市施策
「こどいの広場」
「子育て支援センター」等

見守り（アウトリーチ）
メンター・訪問員が訪問を実施
状況の把握・学習・生活支援等
※初回、学習・生活支援等の目的とした絵本の配布

子育て支援を行う民間団体等

保健所

高槻市子育て
総合支援センター

連携・協働

見守り支援（厚労省）
・支援が必要な子ども等の把握
・養育状況の把握
・心のケア
・孤独・孤立の解消

・基本的な生活習慣の習得支援や学習
・地域の様々な支援事業へのつなぎ
・子育て支援サービスの情報提供
・子育てに関する相談　など

見守り支援、生活支援

図2　高槻市域における官民連携モデル

表 14　社会的インパクト〈数量〉【2021 年 11 月～2024 年 2 月】

項目	内容	通算（2021 年 11 月－2024 年 2 月）
ネットワーク団体数	地域から広がる第三の居場所アクションネットワーク	82 団体・152 名
アウトリーチ件数	高槻市子どもみまもり・つながり訪問事業	アウトリーチ件数 計 1,398 件
食支援	フードパントリー	食数合計 1 万 7,561 食（4ﾄﾝ497kg）
	企業による子ども食堂食材支援	
	厚労省「ひとり親等の子どもの食事等支援事業」※食材支援パック等の配布	
学びの支援	プラットフォームを拠点に実施した学習支援	15 世帯
物資による支援	子ども家庭庁「ひとり親等の子どもの食事等支援事業」※日用品・学用品の配布	日用品　355 セット（426kg）学用品　355 セット（177.5kg）
新たな社会資源創設	市内における子どもの居場所や子ども食堂等の開設等	11 件
地域支援に携わる人材	保育士 OG	のべ 32 名
	子育て層	のべ 105 名
	大学生	のべ 72 名
ESD 実施校	公教育との協働において ESD 教育を実施した学校数	ESD 実施校　5 校 講演実施　　5 校
他地域への普及	メディア放映	2 件（NHK かんさい熱視線ほか）
	市内、他府県での当事業の講演、視察受入	94 件
	学会発表	1 件
	学会賞受賞	1 件
	機関紙の発行（ネットワークの動きの報告）	機関紙 12 件 レポート 2 件
	論文投稿	4 件
	書籍刊行	2 件

地域から広がる第三の居場所アクションネットワークの発足

アクションネットワーク座長　三木正博

　私がアクションネットワークに関わることになった時、中島みゆきさんが作詞・作曲した「糸」という曲が頭をめぐった。歌詞にこのような一節がある。

　「縦の糸はあなた　横の糸は私　織りなす布は　いつか誰かを　暖めるかもしれない…こんな糸が　なんになるの　心許なくて　ふるえてた風の中…いつか誰かの　傷をかばうかもしれない」という歌詞（一部抜粋）である。

　1本の糸だけでは弱いけれど、縦横の糸が織りなすことによって強い布となり、多くの人々の心を暖め、傷を癒すことになる。このことを私たちの組織に置き換えると、縦の糸は子ども食堂などに関わる家庭や子どもたち、そして横の糸はそこに関わる大人たち（学校・地域・企業・行政）ということになる。

　学校の教育では、「一人ひとりが認め合えるクラス」という目標に向かって取り組みを進める。それぞれの頑張っているところや良いところを誉めて認めることによって自己肯定感が育まれ、クラスの中に存在感が生まれて居場所ができる。つまり、「みんな違って、みんないい」という違いこそが大切という「違いを豊かさに変える文化」がクラスの中に生まれてくる。このことによって、クラスの中に自分の居場所ができ、安定した生活を送ることができる。

　でも、必ずしも学校だけが居場所でなくてもいいと思う。クラブ活動・地域のスポーツ団体、習い事、家庭の中など、子どもたちが活動しているすべての場面で、自分が認められていると感じられることが大事である。

また、子ども食堂や困難を抱える人々のグループなどで同じ課題を持つ仲間が集い、同じ空間を共有することによって帰属意識が醸成され、仲間意識が育つ。今を生きる子どもたちには、出会うきっかけづくりを通して学校以外にも自分の居場所があるということを知るのが大切となる。

　学校以外の場面では、地域の活動が重要となる。地域の教育力が低下しているといわれて久しいが、この３年間、コロナ禍で町から人の動きが止まり、人に関わる動きがますます減った。2023年の夏を過ぎて、やっと元の生活が始まり、市を挙げてのお祭り、地域での盆踊り、〇〇フェスタなどが再開した。最近、子どもたちがパーソナル化して群れて遊ばない現状があり、どの活動も子どもたちのつながりや群れる楽しさを提供しようと地域を挙げて取り組んでいる。

　子ども食堂は、満足にご飯を食べることができない家庭の子どもが来る場所というよりも、誰かと食べる喜びを経験する場であり、子ども食堂に関わる人が増えるほど相互のつながりを感じることができるようになる。

　子ども同士、子どもと大人、親同士、そして家庭と地域をつなぎ、このことから同じ課題に取り組む団体がつながり、人々の人生が変容していく活動を見て、ともに解決しようと企業が動き、このような動きを見て政治も注目し、行政が具体化するための支援を行うというシステムができあがる。

コラム 「地域共生社会」へ

京都女子大学教授　谷川至孝

　前兵庫県明石市市長・泉房穂は『子どものまちのつくり方』(明石書店 2019) で標準家庭を次の通りイメージする。「お父さんは収入不安定で、たまに暴力。お母さんはパートを打ち切られ、心を病みかけ。子どもは不登校がちで、しかもネグレクト状態。家の奥にはおばあさんが半分寝たきり。生活費として借りたサラ金の返済に追われ、生活困窮」(p.162)。これが「標準家庭」とはさすがに思えないが、例えば貧困という不利益はほかの不利益を生み出す。泉はこのような家庭には、複合的な支援を有機的に機能させる総合的な支援が必要であることを強調する。

　この複合的な支援は、実は厚労省も提言している。同省は 2015 年 9 月に「新たな時代に対応した福祉の提供ビジョン」の発表を嚆矢として、「『我が事・丸ごと』地域共生社会」の政策を展開している。今日では「地域共生社会」のポータルサイトを設け、「これまでの福祉政策が整備してきた、子ども・障がい者・高齢者・生活困窮者といった対象者ごとの支援体制だけでは、人々が持つ様々なニーズへの対応が困難になっています」と述べ、「重層的支援体制整備事業」の必要性を強調している。

　とはいえ、現実の制度や政策は旧来通り、分野ごと対象者ごとの政策が幅を利かせている。この現状の中、WAKWAK は 2012 年設立時の事業計画で「ひとりぐらし高齢者、障がい児者、子育て家庭や若者への支援サポートだけではなく、住民自らの参加と協働によるまちづくりを目指す」と記し、複合的な取り組みを目指した。その後子ども施策を中心に活動をシフトさせているが、今日でも WAKWAK の事務所には地域の方が気軽に立ち寄り、よろず相談も行われており、まちづくりの源流が失われたわけではない。

WAKWAK が 2021 年から取り組む「居場所の包括連携によるモデル地域づくり」でも、現状、子ども家庭分野に重点化されており、ある地域では WAKWAK の協力のもと、地域のクリニックなどが中心となって子ども食堂や子ども文庫等に取り組んでいる。地域医療や高齢者福祉を基盤に、子ども家庭福祉にも取り組む複合的な地域づくりとして注目される。

　ところで、岡本は「ネットワークの求心力と遠心力」をキーワードに置いている。求心力とは理念や目標を共有する強い結びつきであり、遠心力とは各地域の自律性であり自己増殖である。WAKWAK の実践は同和地域における歴史的な取り組みをベースとしている。しかし、WAKWAK の活動を高槻市全域に広げたとき、それぞれの地域にはそれぞれの歴史や文化があり、社会資源も異なる。富田地域と同様の活動ができるはずもなく、それぞれの地域はそれぞれのリソースに基づき、それぞれの地域の特質を持って、地域づくりに取り組む必要がある。その好例が前記の地域病院を核とした地域づくりだろう。

　ただこのような独自の地域づくりに、WAKWAK のこれまで培ってきた知見や経験が必ず参考とされることも確信している。

　子どもみまもり・つながり訪問事業は
　　　　虐待防止に役立ったか

元常磐会短期大学准教授　田村みどり

　新型コロナウイルス感染蔓延の中で、厚労省事業支援対象児童等見守り強化事業を実施して、2023 年で 3 年目を迎えた。子育て親子が外に出られず、ステイホーム中で家の中でも遊べない状況の親子がいる中で、虐待防止の必要性があると認められて開始された事業である。この事業に継続的に取り組むことで、社会的に不利益を被る親子のフォローができると考えるが、全戸訪問できる NPO 法人等が見つからない都市も実態としてはある。しかしこの事業を実施することで、子どもたちがどこで日々を過ごしているのか？ということを知ることができる。

　企業内保育所や小規模保育所、療育園に行っているケースもあった。実際に訪問すると市内における格差を目の当たりにした。例を挙げると、企業内保育所やこんにちは赤ちゃん事業で子育て施設の情報が全戸配布されているが、子育て拠点事業を利用している親子と拠点事業を全く知らない親子との二極化の状況があり、情報誌を配布しても子育て親子に情報が届かない場合もある。

　訪問員のメンターは保育所で長年、保護者支援をしてきた経験はあるが、この事業に参加する中で、保育所や幼稚園は知っているが子育て拠点事業やホームスタート事業を知らないことがわかり、研修を実施して市内の子育て事業を理解することができた。訪問員の富田保育所での勤務経験が家庭訪問のスキルに生かされて、様々な状況で子どもから目が離せない母親が専門職の心ない言葉に傷ついたことが訪問によってわかり、定期的な訪問とホームスタート事業につなげて安心されたケースもある。2 年目には、訪問家庭の児童がヤングケアラーとなっているケースもあった。母

親は保育所入所を願っているが手続きの方法を知らないケース等、貧困家庭・住環境の厳しい家庭も見られた。情報過多と思われがちな社会の中においても、活用できるツールを知らない親の存在があった。

　親子に必要なツールをコーディネートする。ケースにおいて必要な会議をする。官と民が連携して必要な支援をすることで、子育て親子が高槻市に住み、安心して笑顔で子育てできるように支えていきたい。この事業に参加して、訪問員達は厳しい子育て親子の現状を知る一方で、メンターから学びながら、訪問先で笑顔の親子に勇気を貰い、広場のスタッフになったり、保育現場で働きだしたり、確実にたんぽぽの綿毛が飛び出していると感じている。私も今までの経験で学んだスキルを次の世代につなげていきたい。

　この事業は虐待防止の１つのパズルであり、様々な子育て支援事業が色々な子どものケースに必要なパズルをはめていくものであると思っている。この事業では、厚生労働省ひとり親等の子どもの食事等支援事業を通して市内のスーパーと連携し、訪問と食支援を同時に行う取り組みに発展させることができた。取り組みが３年目となり、顔が見える関係の中で各実に信頼関係が育ち始めてきた。

コラム　アウトリーチによる支援構築の重要性

同志社女子大学准教授　新谷龍太朗

　私の前任校の平安女学院大学では、学生が高槻市内の地域の居場所や学習支援の場、子ども食堂などでよくボランティアをさせていただいていた。学習支援教室わんぴーすでは、1人の子どもとじっくり関わらせていただくことで、学生は子ども理解を深めた。校区の先生方もよく来られていて、学校以外での子どもの様子を見て、より深く子どもを理解されようとしていた。運営スタッフの方からは、子どものつぶやきから家庭の様子を知り、保護者と話すことで支援につながった、という話も伺った。そこでよく聞かれたのが、「あの子もここに来てくれたらな」という言葉だ。支援の場ではしばしば見られるジレンマである。

　地域の子育て拠点や子ども食堂など、支援の場は増えている。しかし、支援を必要とする人が、そうした場に来ない、来られない、どこにあるかわからない、ということも多い。それを明らかにしたのが、新型コロナである。隔離された日常の中で、子育てについて相談できる人がいない、どこで情報を調べれば良いかわからない、支援の場に行くための交通手段がない。そこで求められたのが訪問による支援、アウトリーチであった。

　日本における訪問型の子育て支援として、新生児訪問指導や乳児家庭全戸訪問事業など、全家庭を対象とする事業がある。訪問を通じて支援が必要だとされると、養育支援訪問につながる。しかし、人的資源などに限りがあり、十分に支援が行き届かないことが課題となる自治体も多い。そこで、重篤なリスクとなる前の予防的訪問や早期発見をするための訪問活動を素早く行う仕組みづくりが求められる。

　ソーシャルワーカーによるアウトリーチに早くから取り組んできたアメリカでは、子育て支援訪問を行う民間団体が多くある。出産前の入院時

から看護師を中心としたチームで支援したり、絵本の読み聞かせから家族支援につなげるなど、プログラムも様々だ。訪問する人には相手の言葉の背景にある気持ちやニーズをつかむ力が求められる。例えば、おむつがない、という訴えがあった時に、単におむつがなくて困っていると捉えるだけでなく、おむつがないために外に出かけることもためらってしまい家に引きこもりがちになったり、そうした状況にしてしまっていることで親自身が落ち込んでしまったりすることもあるといった可能性まで考えられる必要がある。

　タウンスペース WAKWAK で取り組まれた「子どもみまもり・つながり訪問事業」は、日本で求められているアウトリーチによる支援の１つのモデルである。その特徴の１つは、訪問スタッフが元保育士とペアで訪問することで、保護者や地域をどのように理解し、つながればよいかを身につける仕組みである。そこには、保護者支援や地域との協働を大事にしてきた同和保育の「型」も見られる。アウトリーチにより子どもが第三の居場所とつながり、子どもを中心として家庭、地域、行政がつながっていく。そうした未来に向けて、できることを積み重ねていきたい。

コラム　居場所の包括連携によるモデル地域づくりが目指したものと当実践の評価

認定 NPO 法人全国こども食堂支援センターむすびえ理事長　湯浅誠

　「分野を超えた居場所の包括連携」に取り組んだ居場所の包括連携によるモデル地域づくり（全国）事業は、当団体にとって初めての休眠事業でした。申請自体も初めてだったため、どの程度 "とんがった" 事業にする必要があるのか、逆に "とんがりすぎ" だと採択されないのか——そうした経験知・相場観が全くなく、さて何をどう書いたものやら…と申請フォーマットとにらめっこしていた記憶があります。

　そんな経緯がありましたから、本事業は「我ながらハードルが高いと感じる」事業となりました。居場所づくりを以前から一生懸命やっておられる方はいるものの、社会全体としての認知度はあまり高くない状態でしたから、順当に考えれば、「居場所づくりの実践を通じて、その意義を理解してもらう」というあたりが妥当・無難でした。しかし本事業では、居場所づくりの実践や、子ども食堂業界内部でのネットワーク化、子どもの居場所づくり業界での連携促進といった段階をすっ飛ばして、高齢・障害等々を含めた諸分野の属性を超えた地域の居場所の包括連携をいきなりテーマに設定しました。

　無事に採択され、今度は私たちが資金分配団体として実行団体の公募を行う番になりましたが、案の定、その問題設定はなかなか理解されませんでした。WAKWAK さんの申請も、こちらの問題意識を明確に捉えているものとはいえない、というのが当初の私の評価でした。具体的には、長年の蓄積のある富田地区での実践を高槻全市に展開して「分野を超えた居場所の包括連携」を図れる見通しが申請書からは見えてこない、と感じていました。「良い活動に助成するのではない。助成事業のスコープに合致し

た事業に助成する」が、助成事業の原則です。富田地区での長年の取り組みには、社会活動を担ってきた者として深い敬意を抱いていましたが、それと本事業で採択するかどうかは別、という見解でした。

しかし、ほかのむすびえスタッフの強い推薦もあって WAKWAK さんを採択させてもらいました。そして WAKWAK さんはその後、大変すばらしい活動を展開されています。その概要はすでに本書で明らかにされていると思いますが、私自身の不明を恥じるとともに、あのとき採択させてもらっておいてよかった、とむすびえのため、社会のためにも思います。

現在、私はこども家庭庁「こども家庭審議会こどもの居場所づくり部会」の委員として、「こどもの居場所づくり指針」の策定に関わっています。先日その委員会で提案したのは、「こどもまんなか社会」から将来的には「みんなまんなか社会」を目指そう、ということでした。私たちが休眠事業に採択されてから 2023 年で 3 年が経ちましたが、現状はまだ分野を超えた包括的な連携の必要性を社会に訴えている段階です。地域の居場所連携で地域コミュニティを維持発展させていこうという志向は、まだ社会的な合意事項にはなっていません。しかし本事業を通じて、本事業における WAKWAK さんのご活躍を通じて、その志向を理解してくれる人たちは着実に増え続けている、と私は信じています。

それが 2024 年度以降につながっていくこと、そしてつなげていくことが、今の私たちが見据えている課題だと思います。引き続きともに歩んでいきましょう。よろしくお願いします。

第6章

全体のまとめと考察

第1節　本書を通して見出された知見

　本書では、「コロナ禍、社会的不利を抱える層により一層の不利がかかる中、コミュニティにどのような仕組みがあれば社会的弱者を含めた包摂がなされるのか」という課題への答えを、WAKWAK の富田地区および高槻市域全域を対象とした実践を振り返る中で見出すことを目的としてきた。そして、被差別部落における社会的企業の実践に着目し、アクションリサーチを用いて自己内省的に生成プロセスを描いてきた。本章では、本書全体から得られた知見について述べる。

　それは、第1に、活動を同和対策事業の範囲であった地区外にも広げる中で、組織体として部落解放運動をベースにしながらもプラグマティズムの徹底により、より広く地域内外からの賛同を得ながら社会課題を解決

するための団体へと変容を遂げたことである。

　第2に、支援対象範囲を富田地区から市域全域に広げることを通じて、富田地区が長年培ってきた支援の独自性が明らかになった点である。具体的にいえば、富田地区の子どもの居場所づくり事業の実践においては社会的不利を抱える子どもたちの支援に対し地域NPO、学校、行政等が連携して包括的に支援を行っていた。一方で市域広域事業を行った際には、他地区において包括支援を行っていくための風穴が開き始めたものの、富田地区のような包括的な支援を行うことは困難を伴っていた。

　第3に、地域教育推進母体の発展的な実践形態としてのWAKWAKが社会的企業という組織体として地域支援のイニシアティブを持ちながら、その方向性についてヘッドクォーターとしての役割も担っていた。その中で中間支援組織の役割や多セクターのつなぎ役となり、かつ社会運動を起こす起点となっていた。

　第4に、WAKWAKは社会的包摂のまちづくりを一貫とした方向性とし、事業の拡大や社会情勢に合わせ変容を遂げることで支援対象範囲を広げ、従来の被差別部落の家庭のみならずひとり親家庭や生活保護家庭、障がい者家庭、海外ルーツを持つ家庭など多様な社会的不利益層に対する支援を広げていた。

　第5に、WAKWAKは社会的不利益層の支援を行うため、民間の助成金や休眠預金事業等を通じたこどもの居場所づくり事業やネットワークの構築、フードパントリーサテライトなどの新たな事業領域を生み出すとともに、公的事業であるみまもり事業や厚労省「ひとり親等の子ども支援事業」などを受託・運営し、かつそれらの事業を有機的に連動させることで「独自の包摂の仕組み」を生み出していた。

　第6に、「独自の包摂の仕組み」を通して、支援が届きにくい地域内にある声なきSOS（Voiceless）に対しアウトリーチを通じてアプローチし、支援を届けていた。

　第7に、事業に並行し、コミュニティ・オーガナイジングによる団体のネットワーク化や議員へのロビー活動などの「社会運動」を通じて、現場に即した公助（制度）の要件の緩和や充実化を促し、社会変革を生み出していた。

第2節　本書のインプリケーション

　次に本書の各小括で述べた知見や前節でまとめた知見から導き出される
インプリケーションについて、WAKWAK の実践の他地域への汎用性に重点
を置きながら述べる。

1．部落解放運動がベースとなった支援の独自性と普遍性

　WAKWAK の実践においては、同和対策事業の範囲で行っていたこれま
での活動を、地区外である富田地区の中学校区に広げ、かつ市域広域へと
広げた。これは単に実践の支援対象を広げたというだけではなく、部落解
放運動の結果による同和教育や包摂型のまちづくりの文化が根づいた地区
から一般地区へ広げたということである。結果、富田地区が長年培ってき
た支援の独自性が明らかになった。具体的にいえば、富田地区における子
どもの居場所づくり事業の実践では社会的不利を抱える子どもたちの支援
に対し地域 NPO、学校、行政等が連携して包括的に支援を行っていた。
一方で市域広域事業を行った際には、他地区において富田地区のような
包括的な支援を行うことは困難を伴っていた。つまり、そこには部落解放
運動がベースとなった支援の独自性と普遍性が見出される。富田地区の中
学校区のまちづくりでは、学校における公正を重視する文化（志水 2009）
や長年の社会的弱者を支えるまちづくりの取り組み（中野・中尾・池田・森
2000）から培われた文化がある。さらに歴史を紐解けば厳しい部落差別の
結果、共同体として弱者を見捨てまいと住民同士が助けあってきた歴史が
存在する。よって、地域関係者、学校関係者、行政関係者の中に、長い年
月をかけて形成されてきた、社会的不利を抱える層を支えようとする文化
が根づいている。それらの土台の上に多団体が連携しながら包括的に支援
を行う仕組みが成り立っている。これらは部落解放運動をベースとしたま
ちづくりの独自性でもあり特殊性でもある。

一方で先に述べたように福祉施策である「地域共生型社会の実現」や、教育施策「子どもの貧困対策に関する大綱」などにおいても縦割り、分野を超えた多職種の連携による包括支援が求められている。本書で取り組みを詳述したWAKWAKの実践はそうした時代を先見的に捉え、社会的包摂のまちづくりとしてそれまで被差別部落が培ってきた「社会的弱者を見捨てない」という文化を活かし、被差別部落住民のみならず、ひとり親家庭や生活保護家庭、障がい者家庭、海外ルーツを持つ家庭など多様な社会的不利益層に対する支援へと広げていた。それらのノウハウの1つが地域・家庭・学校・行政などの連携による縦割りを超えた包括支援である。また、市域実践においては、包括支援を一般地区にも広げることに関して困難を抱えながらも、p.115の「包括支援を生み出す効果」で述べたような縦割りを超える動きも生まれていた。このことから見出されるのは、被差別部落におけるこれらNPO、学校、行政の垣根を超えた包括支援の取り組みを普遍的なものとし、市域全域はもとより全国に広く普及させていく必要性が今後より一層求められているということである。

　というのも、2022年1月に開かれた第208回通常国会の中で成立した「こども政策の新たな推進体制に関する基本方針」（2021年12月21日閣議決定）に基づく「こども家庭庁設置法」および「こども家庭庁設置法の施行に伴う関係法律の整備に関する法律」では、「子ども政策の新たな推進体制に関する基本方針のポイント」（内閣官房）の項目において「子どもや家庭が抱える様々な複合する課題に対し、制度や組織による縦割りの壁、年齢の壁を克服した切れ目ない包括的な支援」がまさに謳われているからである。したがって、本書で得られた知見を実践的示唆として好事例（グッドプラクティス）とし、全国に積極的に発信かつ広げていく必要性がある。このことから、これら被差別部落を拠点に同和教育や社会的包摂のまちづくりによって行われてきた支援にはそれそのものに価値があり、また、現在の日本が抱える子どもの貧困をはじめとする社会課題解決のための有用性や可能性を備えているといえる。

2. 多セクターの共創による社会的インパクトの拡大と WAKWAK の役割

　WAKWAK という NPO がその強みを最大限に活かし「志縁」を広げつつ、多様なセクターをつなぐことにより起こしたのは、まさに「社会的インパクトの拡大」である。WAKWAK は地域支援やプロジェクトの方向性を示すヘッドクォーターの役割を担い、かつ多セクターのつなぎ手、他団体の動きを支援する中間支援組織の役割を担うことで多様な組織や個人の協力を得て支援を拡大していた。つまり、そのようなハブとなる組織があることで他地域においても社会的インパクトを生み出せるといえる。その際に、ヘッドクォーターには企画構想力や実行力、リーダーシップ、専門的なつなぎ手にはセクターそれぞれの意思決定への理解や調整能力、コミュニケーション能力、中間支援組織においては伴走力が必要とされる。これらが可能となれば、仮に小規模な NPO などの民間法人であっても社会的インパクトを起こすことは可能であり、それは他地域においての汎用性にもつながる。

3. 支援が届きにくい地域内にある声なき SOS に対しての支援

　一般的に、相談窓口で相談を待ち、そのケースの解決を行えるのは一握りであるといわれる。窓口に来ることができる時点で助けを求められる能力があり、主訴もある程度明確になっていることが多い。しかしながら、本当に支援が必要な人ほど声を上げにくい（Voiceless）といわれる。社会的不利を抱える層ほどわざわざ窓口に来ることは少ない傾向がある。これらは、富田地区における長年の活動を通じて得られた実践知でもあった。
　山野（2018）は 2017 年に行われた「大阪府子どもの生活実態調査」の結果から、制度が行き届いていない状況を以下のように述べている。

　　制度として比較的周知されているであろう就学援助や児童扶養手当

を受けたことがないという世帯の割合がそれぞれ 14.6% 存在している。これは、必要な支援が届いていないことを表す。就学援助はこの調査をした大阪では学校で全家庭に周知のプリントが配布されている。(中略) にもかかわらず、受けることができるのに受けていない層がここまで存在するという数値である。

　これは新型コロナウイルスの感染拡大前の状況である。コロナ禍により、より一層孤独や孤立が進む中、その状況はより深刻化していることが推測される。つまり、本当は支援を必要としながらも、行政や学校、社会福祉協議会などの相談窓口につながっている層はごくごく一握りであるということである。そのような状況に対する支援の有効策として、本書で述べた高槻市子どもみまもり・つながり訪問事業のようなアウトリーチ策がある。当事業は公的機関が NPO に対し支援を要する家庭の個人情報を提供し、その情報をもとに NPO が実際の訪問を行うことで支援が届きにくい層に対し直接支援を届けるというスキームである。個人情報を扱うため、NPO に課されるコンプライアンスや責任は非常に重いが、行政が個人情報を外部機関に出し協働するスキームは非常にめずらしい。しかしながら、コロナ禍において全国で孤独・孤立の問題がより一層深刻化する中においては、このようなアウトリーチ手法を用いた官民協働のスキームはより一層求められる。
　「子ども政策の新たな推進体制に関する基本方針のポイント」(内閣官房) においても「待ちの支援から、予防的な関わりを強化するとともに、必要なこども・家庭に支援が確実に届くようプッシュ型支援、アウトリーチ支援に転換」と謳われている。
　したがって、ここで得られた知見に関しても実践的示唆として好事例 (グッドプラクティス) とし、全国に積極的に発信かつ広げていく必要性がある。

4. 新たな官民連携の仕組み

　市域広域事業においては社会的不利益層の支援を行うため、民間の助成

金や休眠預金事業等を通じたこどもの居場所づくり事業やネットワークの構築、フードパントリーサテライトなどの新たな事業領域を生み出すとともに、公的事業である高槻市子どもみまもり・つながり訪問事業や厚労省によるひとり親等の子どもの食事等支援事業などを受託・運営し、かつ、それらの事業を有機的に連動させることで独自の包摂の仕組みを生み出していた。これらは、行政や学校などの「官」セクターとNPOなどの「民」セクターそれぞれの強みと弱みを補完しあいながら行う取り組みである。具体的にいえば公的機関の強みは信頼性と継続性であり、弱みは税金を扱うという観点から事業の実行に至るまでに時間がかかること。一方NPOによる支援の強みは即応性や柔軟性、機動力であり、弱みには財源や人員の確保が難しいことである。当事業においては、NPOの強みを最大限に生かし、いち早くネットワークの構築やフードパントリーサテライトなどの食支援を生み出していた。それらの動きと、厚労省や高槻市という行政の事業の協働によってアクセスが難しい要支援家庭へと支援をつなぐ独自の包摂の仕組みを築いていた。ここから見られる実践的示唆は、「新たな公」の活性化である。「新たな公」とは、従来は行政が提供していたサービスをNPOなどが行政に代わって提供していくというだけでなく、従来行政が行っていなかった公共性の高い仕事を行っていくような動きのことである。このような動きは今後より一層全国の支援においても必要だといえる。その際、行政はNPOを公的事業の下請けやコストダウンの対象としてみるのではなく、行政にはできないものを補完し、さらには独自性を発揮する主体として扱い、協働することが求められる。

5. 社会的企業の可能性

　本書で述べてきたいずれの実践も、NPOの強みを最大限に生かした取り組みである。そこには、①即応性、②自主財源によるダイナミズム、③志縁の拡大というファクターがある。
　①即応性においては、とりわけコロナ禍において支援の必要性が急拡大

する中で、WAKWAK は市域実践においていち早くネットワークの構築や
フードパントリーサテライトなどの食支援を生み出していた。この動きを
官（行政）が行っていたなら、税金を執行するという性格上これほど早く
支援が届けられていたとは考えにくい。したがって民の即応性を最大限に
活かした取り組みである。②自主財源によるダイナミズムでは、NPO が
どのような財源によって運営されているかということと関連する。行政か
らの受託を主に行う組織の場合には、行政からの事業受託の際の仕様書
に動きは縛られる。また、民間助成金も単年度助成、長くとも 3 年間ま
での助成のものが多く継続的な支援を生み出す際に難しい側面がある。
その点、自主財源は法人自らの意思決定によって事業を生み出すことが
できる。WAKWAK は行政からの受託事業や民間助成金以外の自主財源を
持っていることで、これらダイナミックな動きを起こすことが可能となっ
ていた。③志縁の拡大について例を挙げると、ネットワークの構築が予想
以上の広がりを見せたことにある。この広がりは当初、NPO や任意団体
等の民間団体から急速に広がりを見せ、多セクターにも広がっていった。
NPO は「志縁」組織ともよばれ、志をもとに集まっている組織だといわ
れる。つまり、コロナ禍において支援の必要性が急拡大する中、それに対
し「何かをしないといけない」という志を持つ団体間をつなぐことで「志
縁」の拡大を生み出していったといえる。さらに、志をもとに集まる組織
であるため、フードパントリーサテライト等において団体間の協働が生ま
れ、支援も同時に拡大し、団体間の関係性がつながることにより、団体間
の自然発生的な協働も同時に生まれていったと考えられる。これらは実践
的示唆として社会的企業の可能性を示す。

6. 社会運動の必要性

　WAKWAK は事業と並行してコミュニティ・オーガナイジングによる団
体のネットワーク化や議員へのロビー活動などの「社会運動」を通じて、
現場に即した公助（制度）の要件の緩和や充実化を促し、社会変革を生み

出していた。これらの背景にあるのは、部落解放運動が担ってきた様々な
社会的不利を抱える被差別部落住民の生活改善等を促進していくための
アドボカシーであり社会運動である。その「社会運動性」に着目し、長年
培ってきたエッセンスを活かす形で従来の方法に代わるコミュニティ・
オーガナイジングを導入した。その中で、従来の部落解放運動という社会
運動のスタイルに、徹底したプラグマティズムを導入することで右から左
まで多様な考え方の団体や個人からの賛同を得て、かつ党派を超えた議員
に対する働きかけを通じて制度変革を実現化していた。これらの動きを仮
に部落解放運動だけに狭めてしまうとニッチなものとなり、特定の人たち
からのみ賛同を得る結果を超えられなかった可能性がある。一方で社会的
弱者への支援を公助として引き出そうとすれば社会運動は欠かせない。そ
の中から従来の社会運動のエッセンスをコミュニティ・オーガナイジング
に汎用させることで、多様な社会課題の解決はもとより、様々な社会的不
利を抱える当事者のアドボカシーや支援を充実させるのための公助からの
引き出しなどを実現化した。これらの動きは実践的示唆として他地域にも
汎用できる可能性がある。

　以上に述べたように本章はアクションリサーチを通じて実践と研究の往
還を図り、そこから見出された知見とインプリケーションについて論じて
きた。
　本書で詳述した WAKWAK の実践的な社会的意義は、コロナ禍で社会
的不利益層に対しより一層の不利がかかる中で、多セクターとの共創によ
り実際に支援を進めてきたことであり、社会運動を通じて社会変化を前進
させたことにある。

第3節　今後の課題

　今後の課題として以下のことが挙げられる。
　実践については、NPO は常に新しいことへの挑戦が求められることか

ら、富田エリア事業の再活性化の動きや市域広域事業の新たな動き、さらには「大阪府域ネットワークの構築」に向けた動きが始まっている。経営学者ドラッカー（2007）が「イノベーションの機会」として述べている言葉を紹介する。

　　　成功している非営利組織は、まさに新しいもののために組織されているとさえ言ってよい。（中略）ここに絶対確実な戦略がある。うまくいっているときに、組織の方向づけを変え、組織そのものを変えることである。すべてがみごとなほどにうまくいっているとき、誰もが「ボートを揺するな。壊れたものでなければいじるな」と言っているときにである。（中略）まさにそのようなときに改善しなければ、かなり早く下降線をたどることになる。

　WAKWAKの活動には常に課題はあり、見事なほどにうまくいっているとは到底いえないが、すでに次のイノベーションの機会は表れており、次の方向性を歩み始めている。
　これまで述べてきたように、コロナ禍で日本全国で社会的不利を抱える層により一層の不利がかかる中、市域のネットワークのさらなる動きとして社会的包摂を実現するため、官民協働のネットワークをさらに充実化させることで公助・共助・自助を組み合わせながら「誰も取りこぼさない社会」を実現していくことが課題となっている。
　これらで述べたことは、無縁社会が広がり、ともすれば地域からこぼれおちがちな家庭を見守り、「こぼれにくい地域づくりを行う取り組み」（湯浅2019）であり、「子ども政策の新たな推進体制に関する基本方針のポイント」（内閣官房）に謳われている「誰一人取り残さず、抜け落ちることのない支援」そのものである。また、世界的にも、国連が2030年を目標に提唱した持続可能な社会のための開発目標「SDGs」の理念「誰一人取り残さない社会」にも重なる取り組みである。

注

1 文部科学省によれば「全ての子供が集う場である学校を、子供の貧困対策のプラットフォームとして位置づけ、学校における学力保障・進路支援、子供の貧困問題への早期対応、教育と福祉・就労との組織的な連携、地域による学習支援や家庭教育支援を行うことにより、貧困の連鎖を断ち切ることを目指す」としている。

2 厚生労働省によれば「『地域共生社会』とは、近年の社会構造の変化や人々の暮らしの変化を踏まえ、制度・分野ごとの『縦割り』や「支え手」「受け手」という関係を超えて、地域住民や地域の多様な主体が参画し、人と人、人と資源が世代や分野を超えつながることで、住民一人ひとりの暮らしと生きがい、地域をともに創っていく社会を目指す」としている。

3 同和対策事業とは、日本固有の人権問題である同和問題の解決のため、被差別部落（同和地区）の環境改善と差別解消を目的として行われた一連の事業を指す。言い換えればアファーマティブ・アクション（積極的格差是正措置）である。1969年（昭和44年）に国会で成立し施行された同和対策事業特別措置法により、2002年に終了するまで、33年間行われた。

4 アファーマティブアクション（affirmative action）とは、日本語では「積極的格差是正措置」と訳され、長年、不平等な待遇を受けてきた「マイノリティ（少数派）」の人々に教育や雇用などの機会を積極的に与えるものを指す。

5 本書におけるNPO（Nonprofit Organization）は特定非営利活動促進法（1998年3月成立）により法人格を得た団体（特定非営利活動法人）のみならず広く一般社団法人や一般財団法人等を含めた非営利団体のこととする。

6 子どもの表記については、公文書や法律の条文、文献の引用等で「子供」が使われている場合は「子供」とし、その他本書の表記では「子ども」を用いる。

7 隣保館とは、被差別部落を中心に1,000館を超える建物が建設され、現在「人権文化センター」や「地域交流センター」などの名称で運営されている施設の総称であり、社会福祉法第2条第3項第11号で規定された第二種社会福祉事業である「隣保事業」を専門に実施する福祉施設である。（大北 2012: 7）

8 富田保育所では当時、育児担当制として0歳児3人、1歳児6人、2歳児6人に1人の保育士が担当し、主に食事・排泄・睡眠など生活の指導をいち早く取り入れていた。また、異年齢混合保育では、3歳から5歳の子どもたちが26人から28人の集団で過ごす保育の在り方を取り入れた。（研究紀要 No2『子どもの姿から創りあげる人権保育カリキュラム』）

9 部落解放子ども会とは、同和対策事業のもとで被差別部落の子どもの生活や学びを支えるために生まれた活動のことを指す。

10 障がいの表記については、公文書や法律の条文、文献の引用等で「障害」が使われている場合は「障害」とし、その他本書の表記では「障がい」を用いる。

11 一般社団法人とは、「一般社団法人及び一般財団法人に関する法律（平成 18 年法律第 48 号）」に基づいて設立された社団法人のことをいう。一般社団法人には、社員総会のほか、業務執行機関としての理事を少なくとも 1 人は置かなければならない。また、それ以外の機関として、定款の定めによって、理事会、監事又は会計監査人を置くことができる。理事会を設置する場合、監事を置かなければならない。

12 セツルメントとは、別名隣保事業と呼ばれ、貧困地域などに住み込み、住民の福祉の向上のために助力する社会事業のことを指す。

13 「民間公益活動を促進するための休眠預金等に係る資金の活用に関する法律」（休眠預金等活用法）に基づき、2009 年 1 月 1 日以降の取引から 10 年以上取引のない預金等（休眠預金等）を社会課題の解決や民間公益活動の促進のために活用する制度で、2019 年度から始まった。

14 研究開発学校制度とは、文部科学省により設けられた教育課程の改善に資する実証的資料を得るための制度。この制度は、学校における教育実践の中から提起されてくる教育上の課題や、急激な社会の変化・発展に伴って生じた学校教育に対する多様な要請に対応するため研究開発を行おうとする学校を「研究開発学校」として指定し、その学校には、学習指導要領等の現行の教育課程の基準によらない特別な教育課程の編成・実施を認め、その実践研究を通して新しい教育課程・指導方法を開発していこうとしている。第四中学校区では、2010 年度から 2013 年度に研究開発学校の指定を受け、研究開発課題として「今の課題に向き合い、未来をよりよく生きる力を育てる」ために、連携型小中一貫教育による児童・生徒の発達の段階に応じた新領域「実生活：いまとみらい科」の指導内容および指導方法の工夫改善の研究開発を行った。

15 富田地区の取り組み（子ども食堂をはじめ子どもの居場所づくり事業）は 2016 年に NHK 全国放送からの取材を受け、2017 年に地域魅力化ドキュメント『ふるさとグングン！』（https://www.nhk.or.jp/chiiki/movie/?das_id=D0015010580_00000）で放映され、翌年にも富田地区における地域と学校が協働した取り組みが地域課題解決ドキュメント『ふるさとグングン！』（https://www.nhk.or.jp/chiiki/program/180422.html）で放映された。

16 OOS（大阪大学オムニサイト／ Osaka university Omni Site）協定とは、2017 年 4 月に大阪大学が新たな共創の仕組みとして発足した産官社学連携の仕組みのこと。

17 つどいの広場とは地域子育て支援拠点事業のことで、乳幼児を持つ親とその子ど
もを対象に、子育て、親子の交流、集いの場を提供し、子育てへの負担感や不安
感を軽減するとともに子育て相談を行うなど、安心して子育てができる環境づく
りを行っている。

18 文部科学省によれば「コミュニティ・スクール（学校運営協議会制度）は、学校
と地域住民等が力を合わせて学校の運営に取り組むことが可能となる「地域とと
もにある学校」への転換を図るための有効な仕組みです。コミュニティ・スクー
ルでは、学校運営に地域の声を積極的に生かし、地域と一体となって特色ある学
校づくりを進めていくことができます」としている。

19 子ども食堂の件数については全国子ども食堂支援センターむすびえが 2022 年 12
月現在の調査結果の速報値として 7,331 か所と発表している。

20 高槻市子どもみまもり・つながり訪問事業の様子は虐待などを未然に防ぐための
方策の 1 つとして、2023 年 7 月に NHK『かんさい熱視線 —— 検証・神戸 6 歳児
男児遺棄事件 なぜ命を救えなかったのか』、2024 年 3 月には NHK 青森放送局
『あっぷるワイド —— 未就園児の虐待を防ぐには』において放映された。

文献リスト

赤井隆史 2022「地域共生社会への実践——熱と光を届ける存在として」『解放新聞大阪版』2287。

阿久澤麻里子 2020「ルーツとアイデンティティ——同和・人権教育の視点から」『部落解放』785。

阿部彩 2017「子どもの貧困に対して教育社会学に期待すること」『教育社会学研究』100。

池田寛 1987「日本社会のマイノリティと教育の不平等」『教育社会学研究』42。

池田寛 2000『地域の教育改革——学校と協働する教育コミュニティ』部落解放・人権研究所、解放出版社。

池田寛 2005『人権教育の未来——教育コミュニティの形成と学校改革』部落解放・人権研究所編、解放出版社。

井上英之 2019「企業と社会の利益は一致する——コレクティブ・インパクト実践論」『DIAMOND ハーバード・ビジネス・レビュー』ダイヤモンド社。

岩田正美 2008『社会的排除——参加の欠如・不確かな帰属』有斐閣。

内田雄造 2006「コミュニティワークを活用したまちづくり」『まちづくりとコミュニティワーク』解放出版社。

エプスタイン, マーク・J／ユーザス, クリスティ 2015『社会的インパクトとは何か——社会変革のための投資・評価・事業戦略ガイド』鵜尾雅隆・鴨崎貴泰監訳、英治出版。

大北規句雄 2012『隣保館——まちづくりの拠点として』解放出版社。

大北規句雄 2020「私たちが『まちづくり（地域経営）』に取り組む意味——府連が目指す『一支部・一社会的企業』の創造に向けて」『部落解放 790 号』解放出版社。

大阪保育子育て人権情報研究センター 2004「第 3 章　高槻市立富田保育所の人権保育カリキュラム——保育環境の改善と異年齢混合保育に挑戦して」『子どもの姿から創りあげる人権保育カリキュラム——保育カリキュラム研究チーム報告集』研究紀要 No.2。

岡本工介 2019「大阪府高槻市富田地区における包摂型のまちづくり——子ども食堂をはじめとする子どもの居場所づくり事業を中心に」『関西大学人権問題研究室紀要』77。

岡本工介 2020「コミュニティ・オーガナイジングによる社会変革の共創——高槻富田地区子どもの居場所づくりの取り組み」『部落解放研究』213、部落解放・人権研究所。

岡本工介 2021a「多セクターとの共創による包摂型地域コミュニティ生成——高槻市富田地区大阪北部地震後のコミュニティ再生の取り組み（1）」『関西大学人権問題研究室紀要』82。

岡本工介 2021b「多セクターとの共創による包摂型地域コミュニティ生成——高槻市富田地区大阪北部地震後のコミュニティ再生の取り組み（2）」『関西大学人権問題研究室紀要』83。

岡本茂 1993「地域からの教育改革——高槻富田の取り組み」『解放教育』309。

岡本茂 1994「学力保障と地域教育運動の課題——高槻富田地区での取り組み」『部落解放研究』98。

勝見明 2022「『自分らしさを増幅する』社会起業家のエコシステム——日本的な知識創造体としてのETIC.」『スタンフォード・ソーシャルイノベーション・レビュー日本版 01 ソーシャルイノベーションの始め方』SSIR Japan。

柏木智子 2017「子ども食堂を通じて醸成されるつながりの意義と今後の課題」『立命館産業社会論集』53。

川口寿弘 2018「地域共生社会実現に向けた隣保館の実践」『部落解放』758、解放出版社

ガンツ, マーシャル 2015『Organizing Notes オーガナイジング・ノート』荒川あゆみ・中川玄・忠村佳代子・松澤桂子・柳澤龍・山野あずさ訳、NPO法人コミュニティ・オーガナイジング・ジャパン。

ガンツ, マーシャル 2017『コミュニティ・オーガナイジングとは？』特定非営利活動法人コミュニティ・オーガナイジング・ジャパン。

栗本英世 2020「人間科学型の共創および共創知を目指して」『未来共創』7、大阪大学大学院人間科学研究科附属未来共創センター。

ググレフ, アリス／スターン, アンドリュー 2021「あなたのエンドゲームは何か？」『これからの「社会の変え方」を、探しにいこう。——スタンフォード・ソーシャルイノベーション・レビュー誌ベストセレクション10』遠藤康子訳、SSIR Japan。

グラハム，ポウリン／フォレット，メアリー・P／ドラッカー，ピーター・F 1999
『M．P．フォレット──管理の預言者』水戸公・坂井正廣監訳、文眞堂。

クラマー，マーク・R 2019「コレクティブ・インパクトを実現する5つの要素」
『DIAMOND1 ハーバード・ビジネス・レビュー』辻仁子訳、ダイヤモンド社。

グラント，ヘザー・マクラウド 2021「大きなインパクトの生み出し方」『これからの
「社会の変え方」を、探しにいこう。──スタンフォード・ソーシャルイノベー
ション・レビュー誌ベストセレクション 10』SSIR Japan。

公益社団法人住吉隣保事業推進協会 2018「民設置民営の隣保館『すみよし隣保館
寿』」『部落解放』758、解放出版社。

国立大学法人お茶の水女子大学 2014「平成 25 年度全国学力・学習状況調査（きめ細
かい調査）の結果を活用した学力に影響を与える要因分析に関する調査研究」。

佐藤真久・広石拓司 2018『ソーシャル・プロジェクトを成功に導く 12 ステップ』み
くに出版。

志水宏吉編 2009『「力のある学校」の探求』大阪大学出版会。

志水宏吉 2014『「つながり格差」が学力格差を生む』亜紀書房。

志水宏吉編著 2019『未来を創る人権教育──大阪・松原発　学校と地域をつなぐ実
践』明石書店。

白波瀬達也 2017『貧困と地域──あいりん地区から見る高齢化と孤立死』中公新書。

杉万俊夫 2006「質的方法の先鋭化とアクションリサーチ」『心理学評論』49。

ストロー，デイヴィッド・ピーター 2018『社会変革のためのシステム思考実践ガイド
──共に解決策を見出し、コレクティブ・インパクトを創造する』小田理一郎監
訳、英治出版。

センゲ，ピーター・M 2011『学習する組織──システム思考で未来を創造する』枝廣
淳子・小田理一郎・中小路佳代子訳、英治出版。

髙田一宏編著 2007『コミュニティ教育学への招待』解放出版社。

髙田一宏 2015「社会的排除と教育──部落の児童・生徒の実態から」『佛教大学総合
研究所共同研究成果報告論文集』。

髙田一宏 2019『ウェルビーイングを実現する学力保障──教育と福祉の橋渡しを考え
る』大阪大学出版会。

谷川至孝・岩槻知也・幸重忠孝・村井琢哉・鈴木友一郎・岡本工介 2022『子どもと家庭を包み込む地域づくり――教育と福祉のホリスティックな支援』晃洋書房。

谷川雅彦 2018「改正社会福祉法をふまえ隣保館活動を充実・強化させよう」『部落解放』758、解放出版社。

寺川政司 2017「八尾市西郡における大学連携による居場所づくりの成果と意義」『部落解放研究』207、部落解放・人権研究所。

ドラッカー，ピーター・F 2007『非営利組織の経営』上田惇生・田代正美訳、ダイヤモンド社。

富田の部落史編集委員会 1999『北摂の炎 未来へ――高槻富田の部落史』解放出版社。

直島克樹 2019「地域福祉としての社会起業論に関する考察：労働・権利回復への視点と社会福祉内発的発展論の再評価」『川崎医療福祉学会誌』。

中野陸夫・中尾健次・池田寛・森実 2000『同和教育への招待』解放出版社。

中村和彦 2008「アクションリサーチとは何か？」『人間関係研究』7、南山大学人間関係研究センター。

日本学術会議社会学委員会社会福祉学分科会 2018『社会的つながりが弱い人への支援のあり方について――社会福祉学の視点から』。

日本学術会議心理学・教育学委員会排除と教育分科会 2020『すべての人に無償の普通教育を　多様な市民の教育システムへの包摂に向けて』。

日本小児科学会予防接種・感染症対策委員会 2020『小児の新型コロナウイルス感染症に関する医学的知見の現状』。

認定 NPO 法人しんぐるまざあず・ふぉーらむ＆シングルマザー調査プロジェクト 2020『新型コロナウイルス 深刻化する母子世帯のくらし――1800 人の実態調査・速報』。

農林水産省 2018『子供食堂と地域が連携して進める食育活動事例集――地域との連携で食育の環が広がっています』農林水産省。

芳賀博 2016「地域におけるアクションリサーチへの期待」『老年社会科学』38。

福原宏幸 2007「包摂型地域社会とコレクティブタウン北芝の取り組み」『部落解放研究』207、部落解放・人権研究所。

藤井敦史 2021「連帯の技法としてのコミュニティ・オーガナイジング――イースト・ロンドンにおけるコミュニティ開発の現場から」『The Nonprofit Review Vol.20』

藤田晃之 2015『ゼロからはじめる小中一貫キャリア教育——大阪府高槻市立第四中学校区「ゆめみらい学園」の軌跡』実業之日本社。

部落解放・人権研究所 2001『部落問題・人権事典』解放出版社。

部落解放同盟大阪府連合会 2022「展望編 第1章 部落解放運動には夢があり、部落のまちづくりには日本の地域社会の未来がある——大阪水平社100年にあたり、運動と組織の展望を探る」『大阪の部落解放運動—— 100年の歴史と展望』解放出版社。

ボルトン, マシュー 2020『社会はこうやって変える！——コミュニティ・オーガナイジング入門』藤井敦史・大川恵子・坂無淳・走井洋一・松井真理子訳、法律文化社。

宮竹孝弥 2017「社会的不利な人々の就労支援を行う社会的企業に関する理論的サンプリングとしての文献研究と実践検討——社会的企業の『社会的包摂』から『コミュニ ティ・エンパワーメント』まで」『東洋大学大学院紀要』。

宮本 太郎 1999「福祉多元主義の理論と現実」川口清史・富沢賢治編『福祉社会と非営利・協同セクター——ヨーロッパの挑戦と日本の課題』日本経済評論社。

村上民雄 1994「地域からの教育改革——高槻富田地区の取り組み」『部落解放研究』100。

室田信一 2017「社会福祉におけるソーシャルアクションの位置づけ」『社会福祉研究』129。

山野則子 2018『学校プラットフォーム』有斐閣。

矢守克也 2007「アクションリサーチ」『質的心理学の方法——語りをきく』新曜社。

湯浅誠 2008『反貧困——「すべり台社会」からの脱出』岩波新書。

湯浅誠 2017『「なんとかする」子どもの貧困』角川新書。

湯浅誠 2019「子ども食堂の過去・現在・未来」『地域福祉研究』47。

湯浅誠 2021『つながり続ける子ども食堂』中央公論新社。

吉本和樹・兎澤惠子 2017「アクションリサーチを用いた研究の動向について」『千里金蘭大学紀要』14。

レヴィン, クルト 2017「アクション・リサーチと少数者の諸問題（1946年）」『社会的葛藤の解決と社会科学における場の理論Ⅰ——社会的葛藤の解決』末永俊郎訳、ちとせプレス。

レヴィン，クルト 2017『社会的葛藤の解決と社会科学における場の理論Ⅱ──社会科学における場の理論』猪俣佐登留訳、ちとせプレス。

Kania, J., Kramaer, M. 2011. Collective Impact, *Stanford Social Innovation Review*, 9(1), 36–41.

Lewin, K. 1946. Action research and minority problems, *Journal of Social Issue*, 2

経済産業省 2008「ソーシャルビジネス研究会報告書」https://www.meti.go.jp/policy/local_economy/sbcb/sbkenkyukai/sbkenkyukaihoukokusho.pdf（2022/02/01 アクセス）

厚生労働省「支援対象児童等見守り強化事業について」https://www.mhlw.go.jp/content/000807112.pdf（2022/1/23 アクセス）

厚生労働省 2000「『社会的な援護を要する人々に対する社会福祉のあり方に関する検討会』報告書」https://www.ipss.go.jp/publication/j/shiryou/no.13/data/shiryou/syakaifukushi/833.pdf（2022/1/23 アクセス）

厚生労働省 2018「子ども食堂の活動に関する連携・協力の推進及び子ども食堂の運営上留意すべき事項の周知について」通知 https://www.mhlw.go.jp/content/12000000/000307358.pdf?msclkid=0dbec783a5cb11ec90edb64dd777e42d（2022/3/17 アクセス）

厚生労働省 2019「国民生活基礎調査の概況」https://www.mhlw.go.jp/toukei/saikin/hw/k-tyosa/k-tyosa19/dl/14.pdf（2022/1/26 アクセス）

子ども家庭庁 2023「未就園児等の把握、支援のためのアウトリーチの在り方に関する調査研究報告書」https://www.cas.go.jp/jp/seisaku/mishuuenji_kentou_iinkai/pdf/gaiyouban.pdf（2023/09/27 アクセス）

高槻市「子ども食堂運営支援事業補助金について」https://www.city.takatsuki.osaka.jp/soshiki/42/3008.html（2022/12/18 アクセス）

帝国データバンク 2022「新型コロナウイルス関連倒産」https://www.tdb.co.jp/tosan/covid19/index.html（2022/1/26 アクセス）

内閣官房「孤独・孤立対策官民連携プラットフォーム」https://www.cas.go.jp/jp/seisaku/kodoku_koritsu_platform/index.html（2022/3/17 アクセス）

内閣官房「こども政策の新たな推進体制に関する基本方針のポイント──こどもまんなか社会を目指すこども家庭庁の創設」https://www.cas.go.jp/jp/seisaku/kodomo_seisaku/pdf/kihon_housin_gaiyou.pdf（2022/12/19 アクセス）

西成隣保館「ゆ～とあい」ホームページ http://s-you-i.jp/about/（2022/11/04 アクセス）

Ganz, M. 2022 *Leadership, Organizing and Action: Leading Change* https://www.hks.harvard.edu/educational-programs/executive-education/leadership-organizing-and-action（2022/08/26 アクセス）

NHK NEWSWEB 2021「コロナ影響『解雇』『雇止め』見込み含め 10 万人超に厚労省」https://www3.nhk.or.jp/news/html/20210408/k10012962241000.html（2022/1/26 アクセス）

おわりに

　本書の執筆にあたり、多くの方々のご理解とご協力を賜りましたことを
この場をお借りして御礼申し上げます。

　日頃からお世話になっている富田地域の皆様、法人のスタッフの皆様、
むすびえの皆様、市域事業の中でお世話になっている皆様、部落解放運動
の関係者の皆様にまず感謝申し上げます。

　「なんか小さいころから〇〇さんとか、〇〇ちゃんとか、〇〇さんと
か、…地域のいろんな人があたたかく見てくれてる感じがしてた」

　本書の前身は大阪大学大学院人間科学研究科の修士論文であると「はじ
めに」で述べました。その研究のきっかけは、筆者が大学生の頃に富田地
区においてボランティアをしていた際に出会った、当時小学生だった子ど
もが大学生になり、過去を振り返る中で語ってくれたこの言葉でした。そ
の言葉から、その背景には被差別部落というマイノリティ地域が長年培っ
てきた教育やまちづくりの実践というストーリーがあることに改めて気づ
かされました。そこには現在の子どもの貧困をはじめとする社会課題を解
決するためのヒントが詰まっているという確信のもと研究を深め、「マイ
ノリティ発の実践を日本全国のフロントランナー実践」として日本全国に
発信したいという思いを持ちました。

　人生の巡り合わせとは本当におもしろいもので、そうしたタイミング
で、本書に解題をお寄せいただいた大阪大学大学院教授である志水宏吉先
生が主宰する「学校づくり研究会」にお招きいただき、直感的に「この方
にご指導を頂きたい」と思い、その講演当日にお願いをしました。そのご
縁から、その後、大阪大学大学院教授の髙田一宏先生、院生の皆さんにも
お会いし、ご指導を頂くことになりました。また、志水先生には大阪大学
と WAKWAK の OOS 協定の締結により、本書でも紹介している富田地区
インクルーシブ・プロジェクトの座長に就任頂き、髙田先生にはスーパー

バイザーになっていただき、WAKWAK のみならず富田地区や第四中学校区の実践にもご指導を頂くこととなりました。

　それは振り返れば富田地区に 1990 年代に研究として入ってくださった故・池田寛先生の流れでもありました。

　「池田先生なあ、気さくないい人やったわ〜」
　「あの人、当時地域の中で泊まり込んではったで（笑）」

　池田先生のことをお聞きすると富田地区の皆さんは当時を振り返り、一様に良く言われます。こうして「気さく」にマイノリティ対象者に迫りながらも研究を通して得られた知見を大阪府の施策である「地域教育協議会」などに発展させられた功績や、その他にも池田先生が蒔いてくださった種の大きさと広がりには頭が下がります。

　本書は池田先生が亡くなる直前に病床の中でメモとして残したもの（のちに遺稿集としてまとめられた）の中で、その必要性を感じながらもなし得なかったもの（提言として遺されたもの）をアクションリサーチとして実践と研究の往還の双方から進めていくものでもありました。

　「学校づくり研究会」にお声がけくださったのも、筆者が高校生のときに富田地区で出会っていた池田先生の門下生で、当時は大阪大学院生だった若槻健先生（現・関西大学教授）でした。他大学等に所属されている数多くの池田門下生の方々にもご指導を頂きました。

　また、本書の出版にあたり、コラムとして様々な立場から寄稿をいただいた皆様、明石書店の深澤孝之さん、細やかかつ丁寧に編集してくださった柳澤友加里さんにも感謝申し上げます。

　振り返ってみると本当に数えきれない方々からのご理解、ご協力があってこそ本書をまとめることができました。

　最後に、池田先生へのメッセージで締めさせていただきたいと思います。

　「池田先生、30 年を経てまだまだ若輩ながら富田地区のコミュニティリーダーの 1 人となった私から、先生からいただいた宿題の回答をさせ

ていただきました。そして、そのプロセスの中で、被差別部落という地が同和教育や包摂のまちづくりにおいて長年行ってきた実践の価値というかけがえのないものに気づかされました。その価値は被差別部落の人たちやその関係者を勇気づけるもの（エンパワメントするもの）であり、今後のまちづくりにおける拠り所となるアイデンティティとなりました。この宿題の採点は未熟な本書だけでなく、今後の実践と研究の往還による成果にいただければ幸いです」

　本当にありがとうございました。

2023 年 3 月 31 日
岡本　工介

著者

岡本 工介（おかもと・こうすけ）

一般社団法人タウンスペース WAKWAK 業務執行理事兼事務局長、関西大学人権問題研究室委嘱研究員、大阪大学非常勤講師、大阪公立大学非常勤講師、宝塚市人権審議会委員。大阪大学大学院人間科学研究科（修士　人間科学）、社会福祉士。
大阪府高槻市に生まれる。2002 年以来、毎年渡米し、20 年以上にわたってネイティブ・アメリカン居留区でラコタ族の人々と出会い、ともに生活する中で彼らの伝統的儀式や生き方、自然観に深く触れ、親交を深める。また、放浪の旅の中、様々な国立公園やアメリカ南部を旅し、黒人公民権運動の指導者であるキング牧師のルーツを訪れる。旅の中で"ルーツを大切に生きる生き方"と"Community Of Trees"（様々な木々が育つ森を地域に創る）というヴィジョン（夢）を持ち帰る。現在は、高槻市富田地域に基盤を置き、社会福祉士として社会的包摂のまちづくりに携わる一方で、大学の研究員や非常勤講師、市町村の審議会委員等も務める。

解題

志水 宏吉（しみず・こうきち）

大阪大学大学院人間科学研究科教授。専門は教育社会学、学校臨床学。日本学術会議会員。主な著書は『マインド・ザ・ギャップ』（大阪大学出版会 2016）、『日本の外国人学校』（明石書店 2015）、『学校にできること』（角川選書 2010）など。

協力

一般社団法人タウンスペース WAKWAK

「ひとりぼっちのいないまち（社会的包摂）」の実現のため、「富田エリア事業（ローカリティ）」と「中間支援事業（インターミディアリー）」の 2 つの柱で事業を展開。制度から取り残され、社会から孤立させられる人たちに光をあて、多セクターとの共創により、誰にとっても住みやすいまちを創る。 https://ts-wakwak.com/

ひとりぼっちのいない町をつくる
──貧困・教育格差に取り組む大阪・高槻富田の実践に学ぶ

2024 年 5 月 1 日　初版第 1 刷発行

著　者	岡本工介
解　題	志水宏吉
協　力	一般社団法人タウンスペース WAKWAK
発行者	大江道雅
発行所	株式会社 明石書店

〒 101-0021　東京都千代田区外神田 6-9-5
電　話　　03 (5818) 1171
FAX　　　03 (5818) 1174
振　替　　00100-7-24505
https://www.akashi.co.jp

装丁	明石書店デザイン室
印刷	株式会社 文化カラー印刷
製本	協栄製本 株式会社

（定価はカバーに表示してあります）　　　　　　　ISBN 978-4-7503-5769-0

シリーズ・学力格差 全4巻

志水宏吉 監修

■A5判／上製　◎各巻2800円

学力格差の是正は世界各国の共通課題だが、現時点の日本に、そして世界に、何が起こっているのか——それを教育社会学の観点から探究した本シリーズは、現代の学力格差研究の決定版といえる。

第1巻〈統計編〉
日本と世界の学力格差
国内・国際学力調査の統計分析から
川口俊明 編著

第2巻〈家庭編〉
学力を支える家族と子育て戦略
就学前後における大都市圏での追跡調査
伊佐夏実 編著

第3巻〈学校編〉
学力格差に向き合う学校
経年調査からみえてきた学力変化とその要因
若槻健、知念渉 編著

第4巻〈国際編〉
世界のしんどい学校
東アジアとヨーロッパにみる学力格差是正の取り組み
ハヤシザキカズヒコ、園山大祐、シム チュン・キャット 編著

外国人の子ども白書【第2版】
権利・貧困・教育・文化・国籍と共生の視点から
荒牧重人、榎井縁、江原裕美、小島祥美、南野奈津子、宮島喬、山野良一 編
◎2500円

未来を創る人権教育
大阪・松原発　学校と地域をつなぐ実践
志水宏吉、島善信 編著
◎2500円

南三陸発！　志津川小学校避難所
59日間の物語　～未来へのメッセージ～
志津川小学校避難所自治会記録保存プロジェクト実行委員会、志水宏吉、大阪大学未来共生プログラム編
◎1200円

子どものまちのつくり方　明石市の挑戦
泉房穂 著
◎1500円

福祉NPO・社会的企業の経済社会学
商業主義化の実証的検討
桜井政成 著
◎4200円

コミュニティの幸福論
助け合うことの社会学
桜井政成 著
◎2200円

日本の寄付を科学する
利他のアカデミア入門
坂本治也 編著
◎2500円

マイノリティ支援の葛藤
分断と抑圧の社会的構造を問う
呉永鎬、坪田光平 編著
◎3500円

〈価格は本体価格です〉